IN TUNE WITH
THE MARKET!

ちきりん

CHIKIRIN

マーケット感覚を身につけよう

「これから何が売れるのか?」

わかる人になる5つの方法

ダイヤモンド社

はじめに

あるときふと自分の足もとを見ると、そこに大きな金塊があったとします。大人なら誰でも、びっくり仰天するでしょう。慌てて家族や友人を呼んだり、スマホで写真を撮ったり、持ち上げて重さを確認したりと大興奮しますよね。なぜなら私たちは、「金塊には価値がある」と知っているからです。

ところが幼児や動物の足もとに金塊を置いても、それは単に、キレイな石に過ぎません。最初は触ったり舐めたりして興味を示すでしょうが、食べられそうもないし、おもしろいことは何も起こらないと理解した時点で、彼らは金塊を放置し、他の食べ物やおもちゃを探しに行ってしまいます。

幼児や動物には、すぐ身近にある金塊の価値に気づく能力がないのです。このように、自分のすぐそばに「価値あるもの」が存在していても、その価値を認識する力がないと、「自分の周りには何も価値あるものがない」と思えてしまいます。

長く仕事から離れていたため、パートやアルバイトしか職が見つからないと嘆く専業主婦の人がたくさんいます。その一方、主婦スキルを最大限に活かし、キャラクター弁当のレシピ動画作成、収納のカリスマアドバイザーや、しつけや教育のコンサルタントとして、一般の会社員以上に成功する人もいます。

この専業主婦と元専業主婦の違いは、価値あるスキルの差でしょうか？　そうではなく、主婦業を通して身につけたスキルが、「誰にとってどんな価値があるのか、見極める能力」に、差があるのではないでしょうか？

一流大学を卒業した後、一流企業に10年以上も勤めながら、「自分には、市場で売れる特別な能力はなにもない。だから組織を離れたらやっていけない」と考える人がいます。そういう人の中には、多忙な仕事の合間をぬって学校に通い、資格を取得したり、外国語を学んだりして「市場で売れる能力を身につけよう」と必死に頑張る人もいます。

けれどその姿は、自分の足もとにある金塊に目もくれず、「何か価値あるモノ」を手に入れようとアチコチ探し回る、幼児や動物の姿に似ています。

どんな分野であれ10年も働いたら、「自分には売れるモノなど何もない」なんてことはありえません。もしそう感じるのだとしたら、その人に足りないのは「価値ある能力」ではなく、「価値ある能力に、気がつく能力」です。価値を価値と認識する能力を欠いたままでは、いくら大量の金塊を手に入れても、不安が消える日は永久にやってこないでしょう。

今、この「価値を認識する力」の二極化が進んでいます。すばらしい学歴や職歴に加え、難関資格から専門知識まで持ちながら、不安から逃れられない人がいる一方、ずっと少ないものしかもっていないのに、「なんとかなる」「なんとでもなる」という自信とともに、世の中をわたっていける人もいます。この両者の違いがまさに「売れるものに気がつく能力」であり、「価値を認識する能力」の差です。

本書ではこの能力を、**「マーケット感覚」**と命名しています。マーケット感覚なんて、大半の方にとっては聞きなれない、よくわからない言葉だと思います。ネット検索で見つかるのも、金融市場での相場観を示すような用法ばかりだし、商売人だけが必要とする、ビジネスセンスと混同されることもあります。

しかし本書で紹介する「マーケット感覚」とは、一般の会社員から公務員、学者、医者から専業主婦、そしてアーティストからエンジニアに至るまで、金融や営業とは無縁な分野にいる人も含め、すべての人の働き方や生き方に、深く関わってくる能力です。

今は多くの人が、「これからの社会で求められるのは、どんな能力なのか?」という問いへの答えを探しています。実はこの問いに対する私の答えこそ、「マーケット感覚」です。だから私は何年も前から、この能力についての本を書きたいと考えていました。

本書の目的は、

- マーケット感覚とは何かを説明し、
- なぜそれが大事なのか理解していただき、
- マーケット感覚を身につけるための具体的な方法論を提示すること

です。

マーケット感覚の有無によって、同じモノが、同じ人が、そしてまったく同じ環境が、「なんの取り柄もないモノ」に見えたり、「大きな価値のある、これからの世の中で強く求められるモノ＝売れるモノ」に見えたりします。会社を辞めることに不安を感じない人や、ごく普通の会社員から一転、異分野での成功を収めるような人は、なにか特殊な能力を持っていたというよりは、自分のごく身近にある「売れる価値に気づく能力」を持っているのです。

マーケット感覚の重要性は、今後ますます高まります。第2章「市場化する社会」では、その背景をわかりやすく説明しました。第4章では、一般的なマーケティングとの違いに加え、マーケット感覚を理解するための鍵となる「価値」について詳述し、続く第5章では、普通の人がマーケット感覚を身につけるための手法を、5つ提示しています。

ぜひ多くの方にこの本を活用し、マーケット感覚を身につけていただければと思います。そして今後どんどん変わっていく未来を、今よりさらに大きな自信を持ち、前向きに、そしてワクワクしながら迎えていただけますよう、著者として心より願っています。

ちきりん

目次

2 市場化する社会

3 マーケット感覚で変わる世の中の見え方

4 すべては「価値」から始まる

終　変わらなければ替えられる

序　章

もうひとつの能力

「全日本空輸（以下ＡＮＡ）の競合として思い浮かぶ企業を、すべて挙げてください」
――そう問われたら、どう答えますか？

多くの人が最初に思い浮かべるのは、日本航空（ＪＡＬ）やシンガポールエアライン、アメリカンエアラインといった国内外の大手航空会社でしょう。続いて、ＬＣＣ（ローコストキャリア）と呼ばれる格安航空会社を挙げる人も多いはずです。でも、ＡＮＡの競合は航空会社だけではありません。

ＡＮＡの競合を論理的に分解する

『自分のアタマで考えよう』（ダイヤモンド社　２０１１年）の第3章で私は、答えを漏れなく重なりなく列挙するため、場合分け（分解）をしながら論理的に考えるという手法を紹介しました。この方法を使ってＡＮＡの事業を分けてくださいと言われれば、多くの人が**図1**のように、まずは国内線と国際線に分けるでしょう。とはいえ、このふたつを合わせても、ＡＮＡのビジネス全体にはなりません。

なぜなら大手航空会社は、人間の他に貨物も運んでいるからです。そこで**図2**では、最

図1 ANAの事業の論理的な分解ステップ①

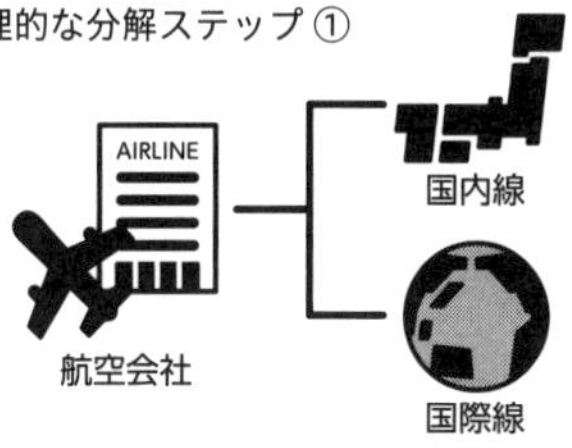

図2 ANAの事業の論理的な分解ステップ②

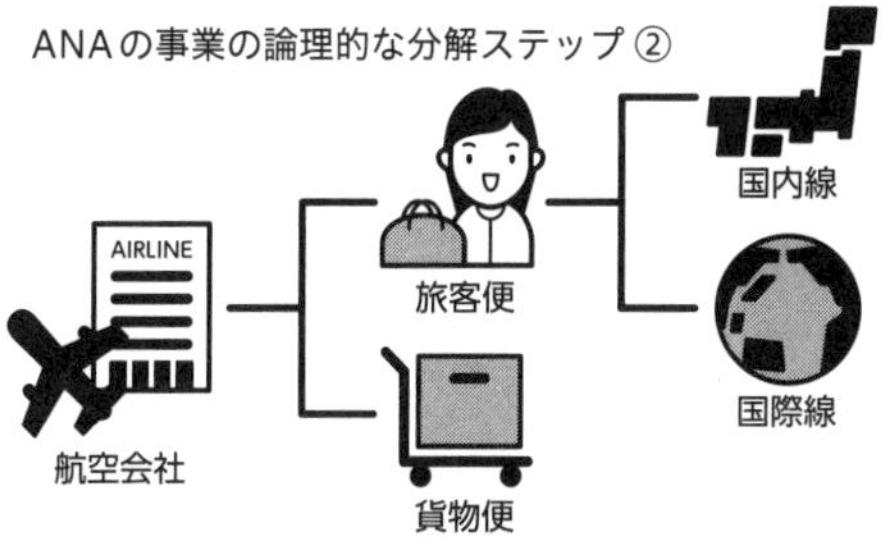

図3 ANAの事業の論理的な分解ステップ③

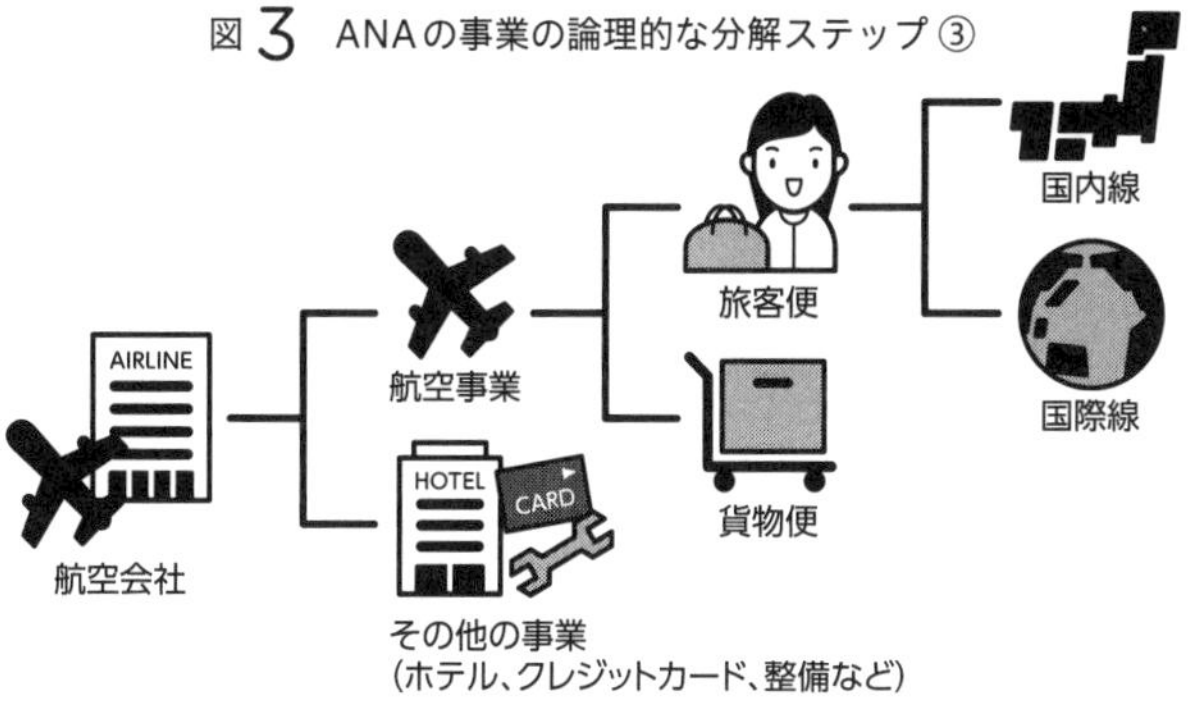

初に旅客便と貨物便を分け、その後、旅客便を国内線と国際線に分けました。

これでANAのビジネスは網羅されたでしょうか？　図2を見ながらよくよく考えれば、今度は、「ANAはホテルの経営など、飛行機を飛ばすこと以外のビジネスも展開している！」と気がつけます。そうなると、全体像は図3のようになります。

最初に飛行機を飛ばす航空事業とそれ以外の事業に分け、次に、航空事業を旅客便と貨物便に、さらに次の段階として、旅客便を国内線と国際線に分ける……。

このように、ANAの事業を分解しながらひとつずつ丁寧に思考を進めていけば、最初にざっくり「ANAの競合とは？」と考えていたときより、はるかに多彩なライバルを思い浮かべることができます。

貨物便なら船やトラックもライバルになるし、ホテル事業では、他のさまざまな宿泊施設と競合します。航空事業以外のビジネスを思いついた時点でANAのウェブサイトを調べれば、ANAが手がけている他の事業がわかり、それぞれの競合企業も、容易に挙げられるでしょう。場合分けをして論理的に考えることで、思考をスムーズに進めることが可能になる――『自分のアタマで考えよう』の中で説明した通りです。

もちろん図3の後も、さらに場合分けを進めることができます。たとえば国内線の乗客を移動の目的別に分けてみると……

国内線旅客の移動目的
- ビジネス
- 旅行
- 盆暮れの里帰りや冠婚葬祭
- 単身赴任
- 就活や受験
- その他

といったところでしょうか。この表を見ながら、それぞれの顧客にとっての競合を考えてみれば、「ビジネス客の大半は、東京と大阪や、東京と福岡など、特定の路線に集中している。だとすると、新幹線もライバルだ！」と気がつきますよね。２００６年に神戸空港がオープンしたとき、ＪＲは新神戸駅に停車するのぞみの本数を大幅に増やしました。新幹線の最大のライバルは、国内線の飛行機なのです。

さらに、「就活のために移動する学生は、飛行機なんか乗らないよ。彼らは格安の高速

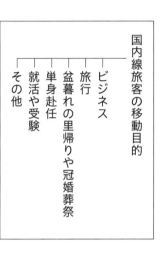

バスを使っているはず」と思い至れば、「高速バスもライバルだ！」と気がつきます。長距離バスは夜間走行するものが多く、寝ている間に目的地に着くので、学生にとって乗車時間の長さは大きな問題ではありません。

このようにＡＮＡのビジネスを分解しながら論理的に考えることで、その競合には他の航空会社に加え、新幹線や高速バス、さらには運送会社やホテルなど、さまざまな企業が含まれると理解できます。

顧客の利用場面を想像する

次に、まったく同じ問題を別のアプローチで考えてみましょう。頭の中に、次のような場面を思い浮かべてください。

とある大企業のオフィス。海外部門を統括する事業部長が、パソコンの画面を睨みながら頭を抱えています。彼が真剣な表情で見つめているのは、欧州各拠点の売上一覧表です。ロンドン支店、パリ支店、フランクフルト支店など、拠点ごとに目標額と実績値が示されているのですが、どの拠点も売上が目標を大きく下回っています。1か月後には経営会議を控えているのに、こんな数字ではお話になりません。海外部門の責任者として、早急に

序　もうひとつの能力

原因を突き止め、対策を打つ必要があります。

海外事業部長は、卓上のカレンダーに視線を移しました。コトの深刻さを考えると、自分が明日にでも欧州に飛び、各拠点を回って支店長と話し、直接に対策を指示したいところです。とはいえ、すべての拠点を回るとなれば、少なくとも10日はかかります。すでにぎっしり埋まっている予定をすべてキャンセルし、今から長期の出張に出かけるのが、最善の方法とは思えません。

事業部長ははやる心を抑え、斜め前に座っている副部長に、視線を向けました。彼と手分けをして各拠点を回るのはどうだろう。ふたりで出張すれば、必要な日数は半分ですみます。しかし……、部長と副部長が2人とも出張してしまっては、東京で指揮を執る人がいなくなってしまいます。

そこで今度は、「むしろ、欧州の支店長を東京に集めたらどうだ？」と考えました。今から緊急メールを送れば、3日後には皆を東京に集められます。そこで会議をし、一気に対策をたててしまおうか。

が……、ただでさえ売上が低迷している欧州の支店から指揮官を離脱させては、さらに売上が下がってしまうリスクもあります。「しかも全員を呼び寄せたら、出張費もバカにならない……」。事業部長は再び顔をしかめました。

そのとき、別のアイデアが浮かびました。「テレビ会議だ!」　そうです。いきなり出張するのではなく、まずは欧州の支店長を集めてテレビ会議をすればよいのです。最新の遠隔会議システムは非常に高品質で、音声もクリアだし、多拠点をつないでも映像も乱れず、会話のタイムラグもほとんどありません。海外に多くの拠点を持つ企業では、社内ネットワークでシステムを組んでいる場合も多く、セキュリティやコストについても心配する必要はありません。

まずはテレビ会議で欧州市場における問題点を洗い出し、必要な拠点にのみ必要な支援要員を送り込めばいい。しかもこれなら、今日の夕方(欧州の朝)から始められる。事業部長はすぐに秘書を呼び、欧州の支店長に連絡し、緊急会議を招集するよう命じました。そして自分は本社の関係部門に向け、会議への参加依頼メールを書き始めたのです。

さて、ここで冒頭の問いに戻りましょう。ANAのライバルにはどんな事業や企業が含まれるでしょう?

もうわかりますよね。ANAの顧客となる可能性があった事業部長は、飛行機で出張するのをやめ、テレビ会議をすることにしました。これは最新鋭の通信システムが、飛行機の競合となっていることを意味しています。

序｜もうひとつの能力

現に今では、海外から応募してきた学生の初期面接に、ネット面接を行なう企業も増えています。従来は出張して行なっていた1次・2次面接をネット面接に置き換え、最終面接に残った候補者だけを日本に呼ぶことで、時間もコストも大幅に節約できるからです。

しかもこういった通信システムは、今後さらに「安価に、簡単に、高品質に」なります。バーチャル投影技術を使い、あたかも全員がその場に揃っているかのように感じられるシステムが開発されれば、リアルな肉体を海外に運ぶ必要性は、ますます小さくなるでしょう。原油価格が高騰したり、SARSやエボラ出血熱のような感染症が流行ったりすると、その優位性はさらに際立ちます。

ちなみに、これが30年前であれば、通信サービスは飛行機会社の競合にはなりえませんでした。当時の国際テレビ会議には特別な回線や機器が必要で、事前に予約したKDD（当時の国際通信サービスの独占企業）のテレビ会議専用室に出向く必要があったからです。それでも会話にはひどいタイムラグがあり、映像も粗いうえ、料金も数時間で10万円以上かかるなど（ときには飛行機代より高く！）とても使えたものではなかったのです。

ところが今は、インターネットベースのリアルタイム会議システムが、自席のパソコンからでも使えるようになりました。当時と比べて通信品質も格段に向上しており、海外に拠点を持つ大手企業なら、セキュリティも万全な専用回線を持っています。こうなると、ちょっとした用事なら出張しなくてもすんでしまいます。技術の進歩が、テレビ会議システムを航空会社の競合事業として浮上させたのです。

論理思考とマーケット感覚

ＡＮＡの事例で伝えたかったのは、何かについて考えるとき、そこには、ふたつの大きく異なるアプローチがあるということです。ひとつは、場合分けをしながら、一歩一歩順を追って論理的に考えていく方法、そしてもうひとつが、マーケット感覚をフルに活用し、リアルな現場をイメージしながら考える方法です。

最初に試した論理的な思考でも、一定レベルまでは順調に思考を深めることができました。しかし、あのアプローチで考え続けていれば、いつかテレビ会議システムを、ＡＮＡの競合として思いつくことができたでしょうか？　もう一度、図3を見てください。この後、この図をどう変えていけば、そこまでたどり着けたのでしょう？

それを不可能だと断じるつもりはありません。しかし、このアプローチだけでそこまで思考を深めるのは、相当に難しそうですよね。

図3　ANAの事業の論理的な分解ステップ③

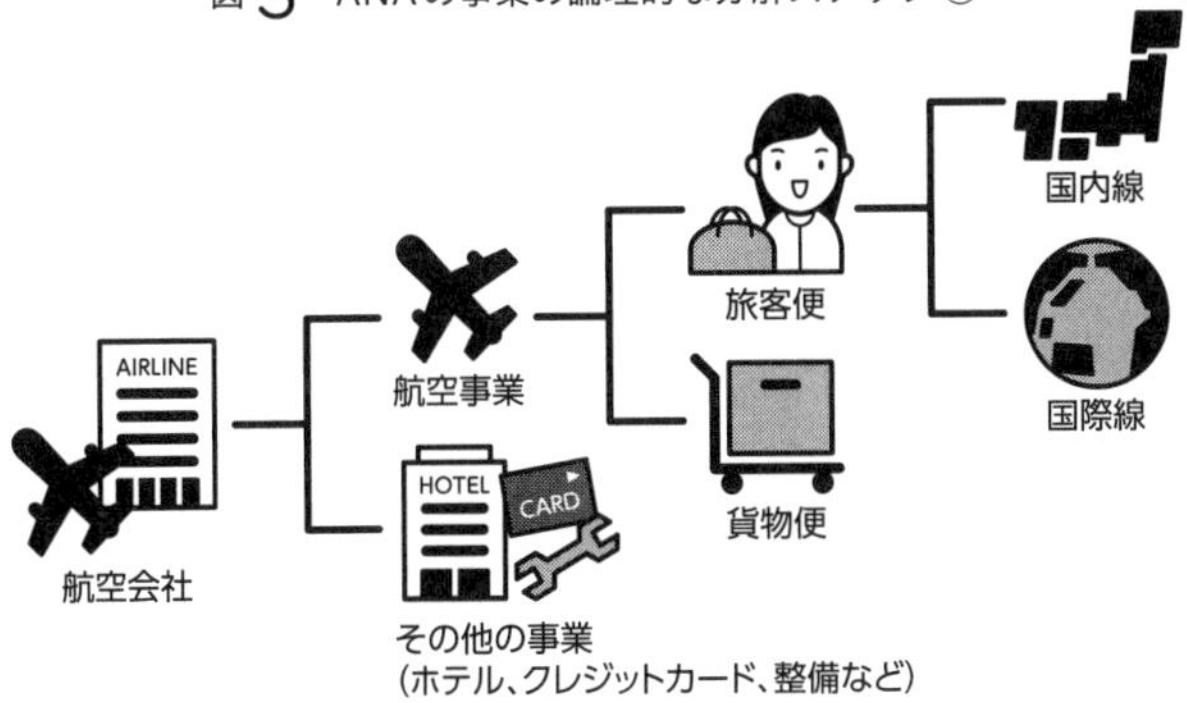

ところが今回のように、顧客が飛行機を利用する場面を想像力豊かに思い浮かべれば、それよりはるかに簡単に、まったく別のタイプの競合に気がつくことができます。そしてこのアプローチこそが、本書のテーマである「マーケット感覚による思考」なのです。

実は世の中の大半の問題は、ひとつの手法を使って考え続けるより、論理的な思考とマーケット感覚という、ふたつのアプローチで両側から考えたほうが、圧倒的に早く、現実的で豊かな解に到達できます。

今回の例でいえば、最初は論理的にANAの事業を分解しながら思考し、ある程度まで進んだら今度は、「ところで、国際線を使うビジネス客は、何を求めて飛行機に乗るのだろう？」と、まったく違う方向から考えることで一気に思考が広がるのです。

論理的な思考だけで、国際線のビジネス客に関するＡＮＡの競合を考えていると、

- 国際線だから、新幹線も高速バスもライバルにはならない
- ごく限られたルート以外では、船もライバルにはならない
- ビジネス客は、予約変更に制限のあるＬＣＣは使わないだろう

となり、結果として、他の大手航空会社だけがライバルだと思い込みがちです。しかしさきほど示したように、顧客がＡＮＡの提供価値を購入するリアルな現場を想像すれば、容易に異なる発想を得ることができます。

論理思考とマーケット感覚という、ふたつの方向から考えることの有用性は、国内線での競合事業を考える場合にも発揮されます。

ある家族は、テレビで北海道のグルメ番組を見て、「北海道にカニを食べに行こう！」と考えました。そして、インターネットで旅行プランを調べ始めました。ところが、都合

のよい日の飛行機が満席であったり、予定が空いている日は料金が高かったりで、適当なプランがなかなか見つかりません。

そんなとき、ふとパソコンの画面横に映った楽天市場の広告が目にとまります。「北海道のグルメがご自宅に！　新鮮、格安、超特価！」と書いてあり、美味しそうなカニの写真が載っています。

この段階で100人に1人でも、「よく考えたら、家族はみんな忙しいし旅行はお金もかかる。代わりに北海道からカニをお取り寄せするのも、いい案かもしれない」と思い始めたら？

そうなれば、ネット通販もANA北海道路線のライバルとなりますよね。同じように、孫が遊ぶ様子を、遠く離れた祖父母の家でリアルタイムに見ることのできるネットサービスは、これまで年に2回、飛行機に乗っていた帰省客の飛行機利用を、年1回に減らしてしまうかもしれません。地方にある墓を、都会に移転するサービスも同じです。

このように航空会社の競合企業、競合サービスは、テレビ会議システムばかりか、お取り寄せ通販から、墓の移転・管理ビジネスまで、極めて多岐にわたっているのです。

しかし、最初に「ANAの競合をすべて挙げてください」と言われたとき、論理的な思考だけでここまでたどり着ける人は（たとえ論理思考をそれなりに訓練した人であっても）ほとんどいないはずです。なぜならひとつのアプローチだけで考えていると、思考はどんどん煮詰まってしまい、深掘りできるレベルに限界ができてしまうからです。

一方、論理思考とは別のアプローチも知っていたら、論理的な思考が行き詰まり始めた段階で、まったく別の方向から考えてみることができます。つまり、論理的な思考方法に加えて「マーケット感覚」を身につけていたら、「もうこれ以上は考えられない」と感じた地点から、再び思考を進めることが可能になるのです。

この「マーケット感覚」こそが、本書のメインテーマです。とはいえ、それが一体どんな能力なのか、わかりやすく説明するのは容易ではありません。そこで本書では、さまざまな事例や表現を用い、多角的に、かつじっくりと説明をしていきます。

今の時点では、

商品やサービスが売買されている現場の、リアルな状況を想像できる能力

（もしくはもう少し一般化して）

顧客が、市場で価値を取引する場面を、直感的に思い浮かべられる能力

が、マーケット感覚だと理解しておいてください。

第1章

市場と価値と
マーケット感覚

序章では少し先走ってしまったので、ここでいったん基本に戻りましょう。そもそも、マーケット＝市場とは何なのか、というところから始めます。

マーケット＝市場とは、

- 不特定多数の買い手（需要者）と不特定多数の売り手（供給者）が、
- お互いのニーズを充たしてくれる相手とマッチングされ、
- 価値を交換する場所

のことです。なお本書では「市場」と「マーケット」という言葉を併用しますが、このふたつは同じ意味だと思ってください。

もちろん「市場」も「マーケット」も、経済や金融の専門用語ではありません。大昔からどこの国にも、そしてどこの村にも、自然発生的な市場《イチバ》が存在していました。市場とは、一般の人が必要な物を入手するために日常的に使う、現在でいえば、スーパーマーケットのように身近な場所だったのです。

私たちの生活は、市場を利用することで飛躍的に豊かになりました。市場がなければ、すべての人は自給自足で生活しなければなりません。市場で商品を交換できるようになったため、米を売ってお茶を買う、野菜を売って綿布を買う、牛を売って薬を買う、といったことが可能になったのです（図4）。

そういった、食品や日用品が売買される生活市《セイカツイチ》と、大規模な証券取引所は、どちらも同じ市場です。市場の成立には、元締めや管理者さえ必要ではありません。「東京証券取引所」という公的な組織や、「築地市場」「輪島朝市」といった固有の名前がなくとも、不特定多数の売り手と買い手が集まって取引をすれば、市場が成立するのです。

市場で行なわれる価値の交換には、貨幣の介在も必須ではありません。企業が有料でサービスを提供し、顧客がお金を払ってそれを買う場合、その規模は「市場規模」と呼ばれますが、ここでの市場という言葉は、かなり狭く解釈されています。

たとえ物々交換であっても、不特定多数の買い手と売り手がマッチングされ、なんらかの価値を交換するなら、それらの場所は、すべて市場と呼ぶことができます。この定義に沿って考えれば、就職活動も学校選びも婚活も、すべて市場です。

就活市場では、仕事を探している不特定多数の求職者と、働き手を探している不特定多

図4　市場＝マーケットは価値交換の場

数の企業が、労働力と賃金を交換すべくマッチングされます。学校選びも、不特定多数の学生と学校がマッチングされる場であり、進学市場、大学市場、教育市場などと呼ぶことができます。婚活も「結婚したい男性」と「結婚したい女性」のマッチングの場（お互いの価値の交換の場）にほかなりません。

婚活に関しては、企業が運営する結婚紹介サービスのようなビジネスだけを「婚活市場」だと考える人がいますが、そうではありません。合コンだって、価値を交換する相手とマッチングされるための場所、すなわち市場です。それらを独立した市場（合コン市場、出会い系ビジネスの市場など）として、分けて考えることは可能ですが、ビジネスとしてお金が動く場合のみを市場と呼ぶわけではありません。

「不特定多数の買い手（需要者）と不特定多数の売り手（供給者）が、お互いのニーズを充たしてくれる相手とマッチングされ、価値を交換する場所」……この定義に当てはまるものは、すべて市場なのです。

市場を理解するための要素

市場は、次のような要素によって成り立っています。

【市場の構造を理解するための要素】

①取引される価値

②買い手＝需要者（価値を入手する人）

③売り手＝供給者（価値を提供する人）

④取引条件（価格など）

市場の構造は①〜④によって把握できますが、その動き方を予測し、さらには、市場をなんらかの目的のために活用しようとするなら、次のような点についても考えを巡らせる必要があります。

【市場の動きを理解し、予測・利用するための要素】

⑤買い手と売り手が取引する動機

⑥それぞれの要素に起こりうる今後の変化

⑦市場の中で選ばれるための方法

こう書くとなんだか難しそうですが、実際にはこれらをすべてひっくるめ、ＡＮＡの例で海外事業部長の心の動きを想像したように、「つまりはどんな価値が、誰と誰の間で取引されるの？」ということを、直感的に理解できればよいのです。

論理的な思考のように一歩ずつ考えながら進むのではなく、最初に価値が取引される現場の具体的なイメージが浮かび、後から①〜⑦のような個別要素が整理されるのだと考えてください。

ＡＮＡの例で言えば、まずは海外支店の売上報告を見ながら頭を抱えている海外事業部長の苦悩の表情が浮かぶことが重要で、後から、

- この部長が需要者であり、
- 取引される価値は「遠く離れた欧州拠点の支店長らとの、緊急、重要、かつ複雑なコミュニケーションを可能にするツール」だと理解し、
- その価値を提供する供給者として、ＡＮＡなどの航空会社と、テレビ会議の通信サービス業者（もしくは、その機器を売る会社）を思い浮かべる

という順番です。

そして、これら7つの要素の中で最も重要なのが、①の取引される価値を理解するという部分です。マーケット感覚とは、その市場で取引されている価値が何なのか、感覚的に理解できる能力のことでもあります。そこで次は、この「価値」について、さらに深掘りして考えてみます。

価値とは何か？

江戸時代など、人々が毎日の食料を市場で買っていた時代を想像してください。時代劇などでよく見る風景ですね。

今、ある村の市場で売られている米の総量が10キロ、米を買いたい人が必要とする米の合計が、5キロだったとします。供給（=売られている米）が、需要（=欲しいと思われている米）の倍もありますから、買い手は米を安く買えそうに思えます。ところが、必ずしもそうはなりません。

たしかに米の売り手が複数いるなら、価格は下がるでしょう。市場全体では米が余っているので、米屋は自分の店から買ってもらおうと、ライバル店より価格を下げてきます。

どの米屋も同じように考えるため、米の価格は下がります。

でも、米の売り手が1人だったらどうでしょう？　米が必要なすべての客は、自分の店で買うしか選択肢がないのだから、たとえ総量で米が余っていても、安く売る必要はないですよね。したがってこの場合、米は余っていても安くはなりません。

これを「独占状態だからでしょ」と考える人がいるのですが、それは違います。同じことを、スイカで考えてみてください。スイカを売る店が1軒しかなければ、その店はスイカを高値で売ることが可能でしょうか？

おそらくそれは不可能です。なぜならスイカは主食の米と異なり、毎日の食卓に不可欠な商品ではないからです。なので、たとえ市場の中に1軒のスイカ屋しかなくても、売り手が価格をつり上げることはできません。

つまり、米が高く売れたのは独占状態だったからではなく、「米にはスイカにはない価値があるから」なのです（図5）。

ここでのポイントは、米の市場で取引されているものが、米というモノではなく、「食卓に不可欠な主食」という「価値」だと理解することです。今と異なり、パンもパスタもない時代には、米なしの食事は成り立ちません（同じ理由で、塩や味噌も同様の価値を持

図5　米とスイカの「価値」の違い

つ商品です)。

一方、スイカ市場で取引されているのは、「おやつとして楽しめる嗜好品の価値」です。スイカがあってもなくても食卓は成立しますから、スイカの価値と米の価値は大きく異なります。このように、取引されている価値が異なるから、米屋とスイカ屋では同じ商売ができないのです。

独占状態なら何でも高く売れるはずと考える人は、市場で取引されている価値について、突き詰めて考える習慣がついていません。先日起業した知人が「教育サービスを提供する会社を作った」というので、「誰に何の価値を提供するの?」と聞いてみました。ところが、「質のいい教育サービスを提供します!」以上の答えが返ってきません。

これでは、「米を提供する会社を作った」「質のいい米を提供します」と言っているのと変わりません。教育サービスという言葉は、米やスイカと同様、商品名(サービス名)であって、顧客への提供価値ではないからです。このように、自分が売っている商品名は言えても、売っているものの価値を正しく認識できていない人はたくさんいるのです。

このことは、自動車という商品で考えれば、よりよくわかるはずです。軽自動車を買う人と、フェラーリやジャガーを買う人は、求めている価値がまったく異なります。高級車を買う人たちが求めているのは、「歩くには遠すぎる距離を、楽に移動できる価値」や、「持って運ぶには重すぎる荷物を、簡単に運搬できる価値」ではありません。

時代によっても、消費者が自動車に期待する価値は大きく変化しました。高度成長期、自動車を買う人が手に入れようとしたのは、「豊かに見えるという価値」であり、「女の子をデートに誘いやすくなるという価値」だったのです。だから「できるだけ大きな車」「できるだけ高級な車」を、みんな欲しがりました。

でも今は、多額のローンを組み、高い駐車場代を払ってまで、そんな価値を手に入れる必要はありません。むしろもっと安い値段で、同じ価値を持つものがたくさん現れているからです。たとえば現在では、どこに美味しいスイーツを出す穴場のお店があるかという情報のほうが、「女の子を誘いやすくなる」という価値が高かったりします。

このため車が提供できるのは、「移動手段」や「運搬手段」としての価値だけになってしまいました。その結果、便利な都市部に住む人は車を買わなくなり、自動車が移動に必須の地方の人でも、安い車を買い、できるだけ長く使おうと考え始めたのです。今後、国内での自動車販売数を再び増加させるために必要なのは、「よりよい車の開発」ではなく、「車が提供できる価値の再定義」です。自動車市場で取引される価値が（移動や運搬という価値から）劇的に変わらない限り、人々の車離れがおさまることはないでしょう。

このように、それぞれの市場で売られているもの（＝取引されているもの）は、米やスイカ、自動車といったモノではなく、なんらかの「価値」です。身の回りの市場を見たときに、そこで取引されている価値は何なのか。それを理解できる能力＝マーケット感覚が、これからは重要になるのです。

価値を論理的に思考する

この「価値」に注目し、「市場で取引される価値を論理的に分解する」ことができれば、論理思考だけでも相当に深いところまで発想を掘り下げることができます。

ＡＮＡと顧客の間で取引されている価値を、「最寄り空港から遠方の空港への移動価値」だと考えれば、ライバルは他の航空会社だけになってしまうけれど、そうではなく、「物理的に大きく離れた場所を高速移動する価値」だと理解できれば、新幹線や高速バスもライバルだと気がつけます。

さらに「物理的に離れた場所との、コミュニケーションを可能にする価値」「物理的に離れた場所で、なんらかの体験を得るための価値」と捉えると、テレビ会議システムやネット通販を、そのライバルとして思いつくことも可能になります。

つまり次のように、「取引されている価値を論理的に分解する」ことができるなら、論理的な思考アプローチだけでも、マーケット感覚を活用したときと同じような発想が可能になるのです。

「国際線ビジネス客が、飛行機に期待する価値」の論理的な分解
- ① 現地の人と会って話す（という価値）
- ② 現地の街や店など、現場を見る（という価値）
- ③ 現場を見て、調査してくる（という価値）
- ④ 現地で何かを購入して持ち帰る（という価値）or 現地へ何かを運ぶ（という価値）
- ⑤ その他（の価値）

価値をこのように分解できれば、①は音声通話システムがライバルに、②はスマホによる動画配信機能が、③は国際的な支店網を持つ調査会社、④は海外ネット通販や国際貨物サービスがライバルだと気がつきます。

とはいえ、こんなふうに価値を分解するのは、容易ではありません。論理思考は、売上

を単価と個数に分けるとか、利益を売上とコストに分けるといったレベルなら簡単ですが、複雑で概念的・抽象的なものを対象にすると、一気に難易度が高くなるからです。

さきほどの「飛行機に求められる価値」の分解も、最初にマーケット感覚を使って考えた後だから、ここまで考えられるのであって、最初から論理思考のみでこの地点にたどり着くのは、私も含め、普通の人にはハードルが高すぎます。誰にとっても、ある程度まで論理思考で考えた後は、海外事業部長が悩んでいる姿など、「価値が取引される現場を具体的にイメージする」ほうが圧倒的に簡単なのです。

マーケット感覚は学べるスキル

論理的な思考とマーケット感覚を使う思考。このふたつの思考アプローチは、どちらも優劣付けがたい重要なスキルです。それなのに、これまでの思考に関する指南本は（私の本も含め）論理思考に関するものばかりでした。マーケット感覚については、その重要性さえほとんど指摘されていません。

しかし世の中は、論理だけで動いているわけではありません。そんなことは、多くの人が理解しています。論理だけで動いているわけではない現実社会の問題を、論理思考だけで理解するのが難しいのは、当然なのです。

難関資格のために多大な時間と学習費用を投入したのに、期待した結果が得られなかったと嘆く人もいますが、このように「論理的に正しいはずの策」が、現実社会ではまったく通用しないという例も、少なくありません。

こうした落とし穴にはまる人に足りないのは、論理的な思考力でも経験でも資格でもなく、マーケット感覚です。理屈だけではたどり着けない答えに自分を運んでくれる、もうひとつの問題解決能力が足りていないのです。


確かに中には、どんなに抽象的、かつ複雑なことでも論理的に分析できてしまう人や、理屈はわからないけれど、現場で何が起こっているのか瞬時に嗅ぎ分けてしまう、動物的なカンを持つ人も存在します。

しかし、そんな突出した才能を持つわけではないごく普通の人＝私も含めた大半の人は、論理思考に加えてマーケット感覚を鍛え、トンネルを二方向から同時に掘り進めるように考えたほうが、楽に思考力を高められます（図6）。


しかもこのふたつの能力は、いずれも学び、鍛えることができます。以前は論理的な思

図6 ふたつの思考方法を併用しよう！

考力に関しても、生まれつき「頭がいい人」が持つ固有の能力だと思われていました。でもいまは、方法論を覚えて思考訓練を積めば、誰でも論理的な思考力を高められると理解されています。

同様に、マーケット感覚のように一見「センス」系に見える能力も、必ずしも一部の人だけが持つ天賦の才ではありません。洋服のセンスがとても素敵な人は、小さい頃から洋服選びに長い時間や思考シェア（モノを考えている時間のうち、洋服について考えている時間の比率）を割き、おこづかいの大半を被服費に投じて、他の人の何倍も多くの失敗を経験したうえで、周囲から一目置かれるセンスを獲得したのです。それらは決して「生まれつきのセンス」などではありません。

さらに言えば、トップデザイナーのような仕事には天賦の才も必要でしょうが、ファッション業界で求められるマーケット感覚は、それとは異なります。ストッキングを履く女性が急減し、豪華な毛皮が売れなくなってしまった背景には、人々の求める価値の変化があります。社会の変化の背景や、時代が求める価値の変遷を理解し、新たに求められる価値を他者に先駆けて投入していく能力は、後天的に学んで身につけるべきマーケット感覚であって、生まれつきのファッションセンスなどではないのです。

世の中にはすばらしい価値を生みながら、マーケットで評価されない商品やサービスがたくさんあります。人材も同じで、すばらしい資質を持ちながら、市場では評価されない人がいますよね。そういう人は、「自分に足りないのはマーケット感覚だ」と気がつかない限り、いつまでも報われません。

しかも次章以降で述べるように、これからは、社会のあらゆる面において市場化が進みます。それに伴い、マーケット感覚の重要性や有用性も、今まで以上に大きくなるのです。

第2章

市場化する社会

「社会の市場化」——この言葉は、過去10年間に起こった日本社会の変化と、次の10年間に起こるであろう変化の両方を、最も的確に捉えることのできる言葉です。

それは、国際的な競争の激化とか、成果主義の人事制度の普及といった、局地的な話ではありません。もっと私たちに身近なさまざまな分野で、市場化が進展しているのです。本章では、市場化する社会を象徴する具体的な事例を紹介しつつ、それに伴って登場した新しい「ゲームのルール」についても説明します。

相対取引だった昔の就職活動

イトーヨーカ堂の元常務、邊見敏江《へんみとしえ》氏の『イトーヨーカ堂　成長の源流』という本には、1941年に新潟県の長岡で兼業農家の三男として生まれた著者が、地元の商業高校を卒業するにあたり、就職活動をしたときの様子が記されています。

著者は高校の先生に紹介され、イトーヨーカ堂（当時は「株式会社ヨーカ堂」）の採用面接を受けます。高校の先生は、同じ村の出身者が偉くなっている企業や、同じ高校の卒業生がいる企業などとコネクションを持っており、生徒の適性をみながら、個別に就職先を紹介していたのでしょう。

面接は、当時36歳だった伊藤雅俊社長が担当。驚いたことに、邊見さんのお母さんも同席しています。しかも、そのやりとりは次のようなものだったというのです。


まず伊藤社長と母との応答である。

「大切なお子さんを預かることになるが、心配はありませんか?」

「ええ、大丈夫です」

「東京での生活に不安があると思いますが、東京にはご親戚などいらっしゃいますか?」

「弟が葛飾区の水元小合町におりまして、連れ合いの姉が世田谷区北沢におります」

そして私の番がきた。

「小売業はとても大変な仕事で、朝早くから、夜遅くまで働かなくてはならないが、やっていける自信はありますか?」

「ハイ!」

「希望する仕事はありますか?」

「事務系の仕事を希望します」

簡単な応答の最後は伊藤社長の一言で締めくくられた。

「就職担当の山田先生からも良く頼まれています。ご心配なく……」

私は晴れてヨーカ堂の社員となったのである。

この面接で採用が決まった著者は、その後43年間イトーヨーカ堂で働き、常務にまで上りつめます。本を読む限り面接はこれ1回だけだし、著者が他の会社を受けた様子もありません。その内容も、これが面接と呼べるだろうかと思えるほど、のんびりしたものです。

これはまさに、「相対取引」としての就職活動です。相対取引というのは、自分で取引相手を探し、個別に条件交渉をして取引する方法で、たとえば米や野菜を作っている人がお屋敷街を回り、買い手を自分で探すといった取引方法のことです。昔の就職活動は、企業と求職者が学校の先生や親戚など、個別のコネクションを通じてマッチングされる、相対取引型の活動だったのです。

今なら「コネ採用」と非難されかねないような方法ですが、こういった就職活動は高校だけでなく大学でも、つい最近まで残っていました。理系で大学院に進んだ人なら、教授の紹介で就職先を決める学生が、たくさんいたことを知っていますよね。文系でも、同じ大学の卒業生である先輩社員が母校を訪ね、自分の出身ゼミの学生を採用していました。少し前まで、こういった相対取引によるマッチングは、ごくありふれた就活方法だったのです。

相対取引から市場取引へ

ところがインターネットの登場を機に、〝シューカツ〟は一変しました。リクルートやマイナビといった就職情報企業がインターネットを利用した応募システムを開発し、就職活動は相対取引から市場取引へと、一気に移行したのです。

このシステムを使えば、先生の推薦や親戚のツテがなくても、誰でもどこの企業でも応募できます。企業側も、支社も支店もない地域を含め、全国の学生から応募を募ることが可能になりました。

私が就職活動をした数十年前には、企業ごとに異なる応募用紙を手に入れるため、応募したい企業にわざわざ出向き、用紙を持ち帰って手書きで履歴や応募動機を記入したら、今度は書類を提出するために、もう一度、企業を訪ねる必要がありました。こんなことをやっていては、「100社受ける」なんて不可能だし、東京にいながら大阪の会社を受けることもできません。

そこにインターネットが現れ、「全学生が、全企業を相手に就職活動を行なう」などという、驚くべきことが可能になったのです。これが、就職活動の市場化であり、社会の市場化の一例です。


就職活動の市場化には、メリットもあればデメリットもあります。ネット応募には手間も費用もかからないため、学生はできるだけ多くの企業を受けようとします。その結果、有名大企業には大量の応募者が殺到し、採用コストの急増に慌てた人気企業は、防衛策として、大学名による一括足切りを始めました。

これにより、多くの企業から門前払いされる学生が出現。その一方、多数の企業から内定を得た後、あちこちで内定辞退をする学生も増えるなど、市場化した就職活動に関しては、多くの問題が指摘されています。

ですが、だからといって就職活動を相対取引に戻すほうがよいかと問われたら、賛成する人は多くはないでしょう。就活の市場化によって、学生も企業も選択肢が大きく広がりました。相対取引ではコネのある地元企業にしか就職できなかったのに、市場型の就職活動なら、どこに生まれ育っても好きな企業に応募ができます。

地方に生まれた人や、有力な先輩や親戚のいない家庭に生まれた人の得られるチャンスは、飛躍的に大きくなったのです。市場は弱者に厳しいとよくいわれますが、むしろ反対に、持たざる者に大きな可能性を与えるのが、市場の特徴なのです。

また、就職市場で取引されているのが「職場」であると考えれば、需要者は学生側ですが、取引されているのが「労働力」であると考えれば、需要者は企業側です。就職市場や労働市場のことを、「人間を人間として見ず、単なる経営資源のひとつに過ぎないと考えるのはよくない」と主張する人がいますが、発想を変えれば、「選別されるのは、職場のほうである」と考えることもできます。

労働者が働く場所を選ぶための市場だと考えれば、就活が相対取引から市場取引に移行したのは、決して悪いことではありません。メディアでは100社落ちる学生ばかりが注目されますが、その一方で、100人の学生に内定を辞退される企業もあるのです。双方が、市場の中で魅力的な人間、魅力的な企業にならなければ、満足できる相手と結ばれない――就活の市場化によって、「よい人を採用するため、労働環境を改善しなければ」と考える企業も増えたはずです。

これからも、先生や親戚に「お前はこの会社で働くのがいいだろう」などとあてがわれる時代に戻りたい人が増えない以上、市場化の流れが止まることはないでしょう。

市場化したのは、新卒学生の就職活動だけではありません。アルバイトや派遣社員として働きたい人と、そういった人向けの仕事を結びつけるサイトもできているし、最近はさらに市場化が進み、プロジェクトごとに労働者と仕事をマッチングするサイトも登場しています（参考サイト：クラウドワークス http://crowdworks.jp/ ランサーズ http://www.lancers.jp/）。

これはクラウドソーシングと呼ばれる仕組みで、運営企業のサイト上には、デザインやプログラミングなど、具体的な仕事の依頼が掲示され、「イラストが書けます」「英語翻訳が得意です」といった売り込みをする労働者（ワーカー）たちが、プロジェクトごとに仕事を受注します。

日本ではまだ、ネット系やクリエイティブ関係の仕事が多いのですが、アメリカではすでに、メーカーの研究開発プロジェクトから秘書業務まで、あらゆる仕事がそれを担当したいという人材と、市場でマッチングされるようになっています。

これまでの就職活動市場では、正社員という立場が取引されていたわけですが、ここで取引されるのは、個別の仕事です。その価格は需給バランスによって決まり、できる人が少ないのに需要の大きな分野では、正社員として働くより効率よく稼ぐこともできます。

一方、誰でもできる仕事や、やりたい人が多い仕事の単価は止めどなく下がります。ライターやデザイナー、写真家の仕事単価は近年、急激に下がっていますが、この理由も、そういった仕事をやりたい人が非常に多いからでしょう。

また、クラウドソーシングという仕組みについて特筆すべきは、どんな仕事の需要が多く、どんな分野の供給が少ないか、といった情報が、すべての人に公開されているということです。これにより仕事を探している人は、「より高い報酬を得るためには、自分はどのようなスキルを身につければよいのか」、市場から直接学ぶことができます。

よく「苦労して難しい資格を取得したのに、思ったほど仕事がない」という話を聞きますが、これは、その資格が市場でどれほど評価されているのか、事前に把握できていないから起こる問題です。ところがクラウドソーシング市場では、単価の高い仕事に必要なスキル、資格や経験が、極めて具体的に開示されています。

最近は、「弁護士ドットコム」(http://www.bengo4.com/)など、専門職と顧客をマッチングするサイトも登場していますが、それらを見ることで「顧客の需要の高い分野はどんな分野なのか。どういう接客態度が評価されるのか」など、（先輩弁護士から教えてもらわなくても）市場から直接に学ぶことができるようになりました。

これは、仕事と労働力のマッチング方式が市場型に移行すればするほど、市場のニーズを読む力、すなわち、マーケット感覚が重要になるということを意味しています。これからは就職やキャリア形成のためにも、優れたマーケット感覚が不可欠のスキルとなるでしょう。

婚活も市場化！

かつては相対取引が主流だった婚活でも、市場化が進展しています。昔は、親が近隣の世話好きなおばさんに、ウチの息子にいい人を紹介してくれと依頼し、その仲介で結婚する人が大半でした。まさに相対取引です。

そこに、コンピューターに個人データを入力し、マッチングを行なう結婚情報サービス会社が現れました。婚活の市場取引化の始まりです。その後マッチングは、スタンドアロンのパソコンの中ではなく、インターネット上のデータベースを介して行なわれるようになりました。

図7 恋愛結婚と見合い結婚の構成比の推移

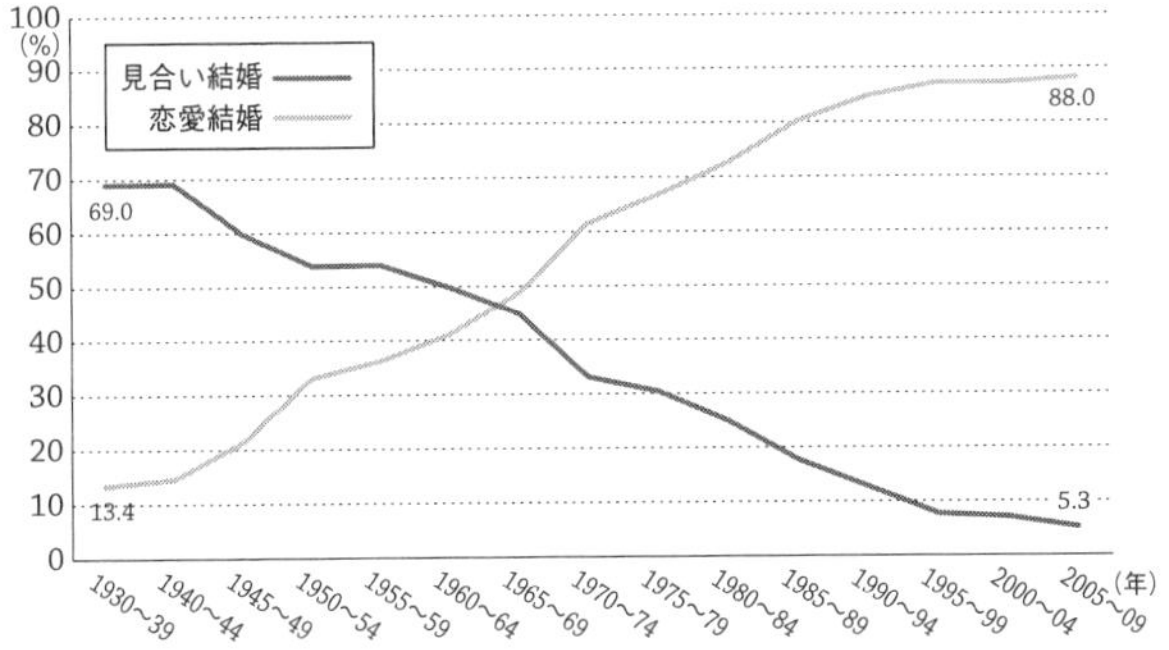

※「その他、不詳」の回答があるため、合計は100%にならない。
出所：国立社会保障・人口問題研究所による出生動向基本調査

結婚についても、近しい人から紹介された特定の相手とお見合いをして結婚するという相対取引の時代が終わり、結婚したい男女がひとつの場所（サイト、サービス、データベース）に集まり、日本全体から結婚相手を探す、市場型取引の時代になったのです（図7）。

昨今の日本では、男女とも未婚率が高まっていますが（図8）、その理由をひと言でいえば、「誰とでも結婚する時代が終わったから」でしょう。相対取引で出会える人の数など、誰にとっても限られています。だから昔はみんな「紹介された数人の中から（一番マシな？）1人を選ぶものだ」と思っていたのです。よほどイヤな相手でな

図8　生涯未婚率の推移

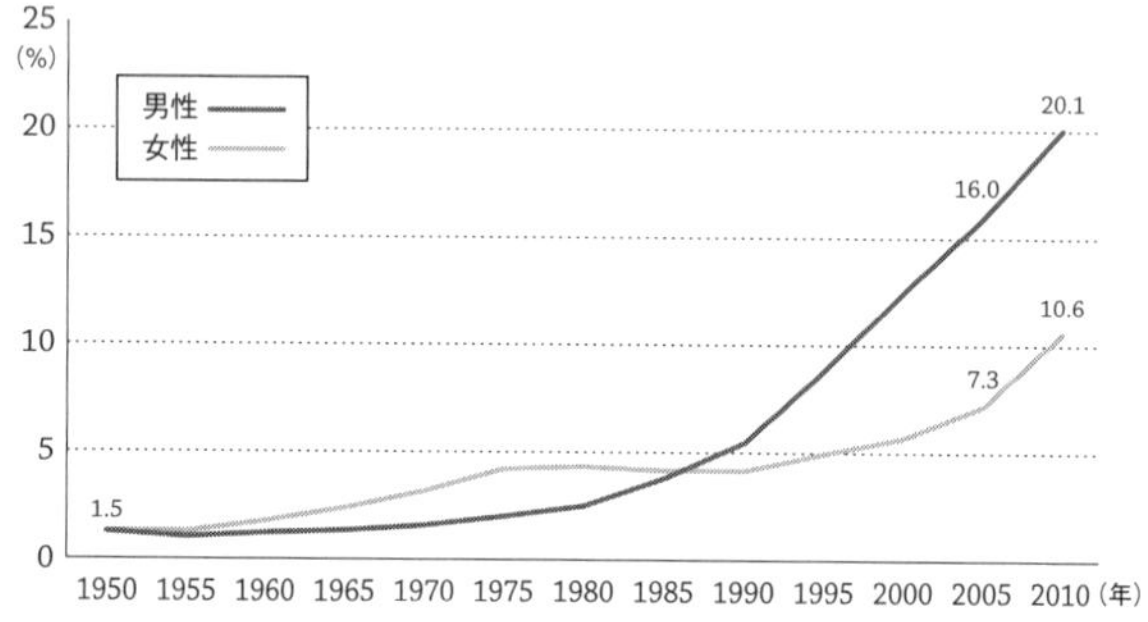

※生涯未婚率は50歳時の未婚率で、45〜49歳と50〜54歳の未婚率の単純平均により算出される。
出所：内閣府男女共同参画局ホームページ

ければ結婚する時代だったから、あんなに婚姻率が高かったのです。

でも今は、「日本中から（時には世界中から）自分に合った相手を選ぶ」という市場の仕組みができてしまいました。それに伴い、「よほどイヤな相手以外ならＯＫ」ではなく、「一定以上、満足できる人を見つけて結婚したい」と考える人が増えました。結果として就職市場同様、一部の人に人気が集中し、マッチングからあぶれる人が出てきてしまったのです。

とはいえ私は、未婚率が少しくらい高まることが問題だとも思ってはいません。就活市場同様、昔のように「よほどイヤでなければ、紹介された人と結婚する」という相対取引の仕組みに戻り、婚姻率が上昇すればそれでいい、とも思えないからです。

1人暮らしの高齢者が増えるとか、子供が減ると年金が破綻するという人がいますが、そういった社会問題の解決のために結婚しろ、子供を産めという発想は、「兵隊になる子を増やすため、産めや増やせや」と言っていた時代と何も変わりません。

昔は、「結婚なんてせずにもっと働きたい」「もっと勉強したい」と考えていた女性も、みんな結婚していました。当時の女性には、結婚以外で食べていく手段がなかったからです。そういう女性が10人に1人いたなら、未婚率が10％上昇するのは自然なことです。

もちろん男性に関しても、家族を養うという重責を背負うかわりに、自分の趣味に没頭して生きていきたいという人は一定数いるはずです。そんな人にまで「結婚しないと一人前とは認めない」とプレッシャーをかけ、結婚させていた時代が、理想的な社会だったとも思えません。

ただし、就職市場において「就職したいのにできない」人が増えたように、婚姻市場においても「結婚したいのにできない」人が増えているのも、また事実です。その主な原因は、取引が市場化したのに、市場における自分の売り方がよくわからないという人が多いからです。つまり就活だけでなく婚活においても、市場の仕組みへの理解と適応（すなわち、マーケット感覚を持つこと）が、重要になっているのです。

市場化を加速するネットの思想

就活や婚活の例でわかるように、社会の市場化を可能にしたのは、インターネットの普及です。ネットの技術が、不特定多数の需要者と供給者のマッチングを容易にし、相対取引を市場取引に移行させる基盤となりました。

しかし技術だけではなく、その思想においてもインターネットは、社会の市場化を促進しています。というのも、ネットの世界はできるだけ少ない規制を原則とし、問題行為は「個別の問題の摘発」によって排除するという考え方で運営されているからです。

たとえばネット上では、「犯罪の温床となる可能性のあるサービスは、すべて法律で禁止してしまえ!」といった主張は、ほとんど受け入れられません。これは、規制当局が存在しないインターネットの世界の特徴です。

ビットコインが犯罪に使われる可能性があっても、ビットコイン自体を禁止するのではなく、犯罪者を個別に摘発すればいいと考えるのがその典型です。また、ビットコインの安全性も国家が保証してくれるわけではなく、自己責任で使用することが求められます。

日本は他の先進国と比べて、非市場的な制度(=権威を持つお上《かみ》が規制を作り、一般の人を守ってくれる制度)を好む人の多い国です。しかしネットを利用する機会が増えると、世界標準での規制のほうが、合理的だと考える人も増えてきます。

これは、アメリカで長く勉強したり働いたりした人が、「日本は規制が多すぎる、もっと自由が尊重されるべき」と言い出すのと同じです。子供の頃からネットの世界の取引思想に親しむこれからの世代は、従来の日本人よりはるかに、市場的な自由取引の原則を肯定的に受け止めるようになるでしょう。


しかもインターネットは、個別の国による規制を軽々と超えてしまいます。以前、東京大学大学院情報理工学系研究科の特任助手を務め、情報技術分野で最先端の研究に従事していた金子勇氏が、Winny（ウィニー）という個人ファイルの共有ソフトを公開したことにより、２００４年、京都府警に起訴されました。金子氏は何年も裁判に忙殺された後、２０１３年に42歳で心筋梗塞により亡くなられています。

著作権法違反幇助にあたるとされたウィニーですが、同時期に始まったYouTubeでも、同様の問題は存在していました。しかし、アメリカでその開発者が逮捕されることはなく、今やYouTubeは、世界を変えるほど大きなサービスに育っています。しかも今でもYouTubeには、著作権に問題のある動画がたくさん含まれています。

それでも日本の警察が、グーグル（YouTubeは現在はグーグルの事業）の責任者を起訴することはありません。著作権が侵害されているという訴えに応じ、個別の動画が削除されたり、違法動画をアップロードする人のアカウントが凍結されたりするだけです。

このように、「仕組み自体を規制するのではなく、個別の問題を解決する」のがネットの世界の原則です。日本人開発者なら起訴できても、グローバルに普及したサービスに関しては、日本の当局もそのルールに従うしかないのです。

さらにネット上のビジネスは、既存産業に比べて、圧倒的に世界展開が早いという特徴も持っています。自動車会社が外国で工場を立ち上げようと思えば、計画から実現まで、早くても数年を要するでしょう。ところがネットビジネスには、創業から1年で数か国に進出する企業さえ、珍しくありません。

こうして海外で始まったビジネスが急速に広がることによって、社会の市場化はさらに加速されます。たとえば再販制度のある日本では、書店が書籍を自由に値引きすることはできません。しかしアマゾンは、書籍のデジタル化を進めることで、その価格を実質的に自由化しつつあります。国内では長く守られてきた分野であっても、グローバル企業の進出により、いとも簡単に市場化の波に飲み込まれるのです。

今後の日本社会には、さらなる市場化の波が押し寄せます。アメリカは世界でも突出して市場的な国ですが、欧州だって、日本に比べればよほど市場的です。欧州の高福祉国家は、競争に敗れた人には手厚いセーフティネットを用意しますが、日本のように「競争自体を制限する」という発想はありません。急成長する途上国も先進国ほど規制が細かくなく、自分で小さな商売を始める人がたくさんいます。

インターネットで世界がつながり、海外の企業や人と取引する機会が増えれば、世界の中で最も規制的（非市場的）といえる日本の社会にも、その影響が及びます。私たち日本人が覚悟を決めなければならないのは、「これからの社会は、どんどん市場化していく。それを避けることは、もはや不可能だ」ということなのです。

再構築される序列とグローバルな市場統合

社会の市場化が進むと、これまでとは異なる「ゲームのルール」が適用されるようになります。そのひとつが、市場の統合に伴う序列の再構築です。20世紀に発達した交通網と、21世紀に入って起こったインターネットによる情報網の発達が、各地のローカルマーケットを、より大きな、ひとつの市場に統合しつつあります。

どの国にも昔から、たくさんのローカルマーケットがありました。情報網と交通網が未発達だった時代、それらは分断され、規模も小さく、いったん序列が確定すると、変化も起こりにくい安定した市場ばかりでした。

たとえば今なら、ネット通販で「日本一売れているロールケーキ」や、「全国焼酎コンテストで優勝した、日本一美味しい焼酎」を選んで買うことができますが、昔はそれぞれの地方の人が、「地元で一番美味しい酒」を飲み、「このあたりで一番美味しい店」に行くのを楽しみにしていたのです。

ところが、本当に日本で最も美味しい酒が手に入るとなれば、「自分が欲しいのはこの地方で一番の酒ではなく、日本で一番の酒だ」と考える人が出てきます。そして実際にそれを手に入れよう、飲みに行こうとする人も現れるのです。

こうして各地にバラけていたローカルマーケットは、日本や世界といった、より大きな単位での市場に統合されます。そして新たに統合された市場には、これまでとは異なる序列が出現するのです。

昔は、日本に１００の地域があれば、１００銘柄の「一番旨い酒」が存在していました。ところが市場が統合されると、「１００地方のトップ10ランキング」は、「全国でひとつの、トップ１０００ランキング」に再構築されます。極端な例では、今まで地域でトップだっ

図9 市場の統合による序列の再構築

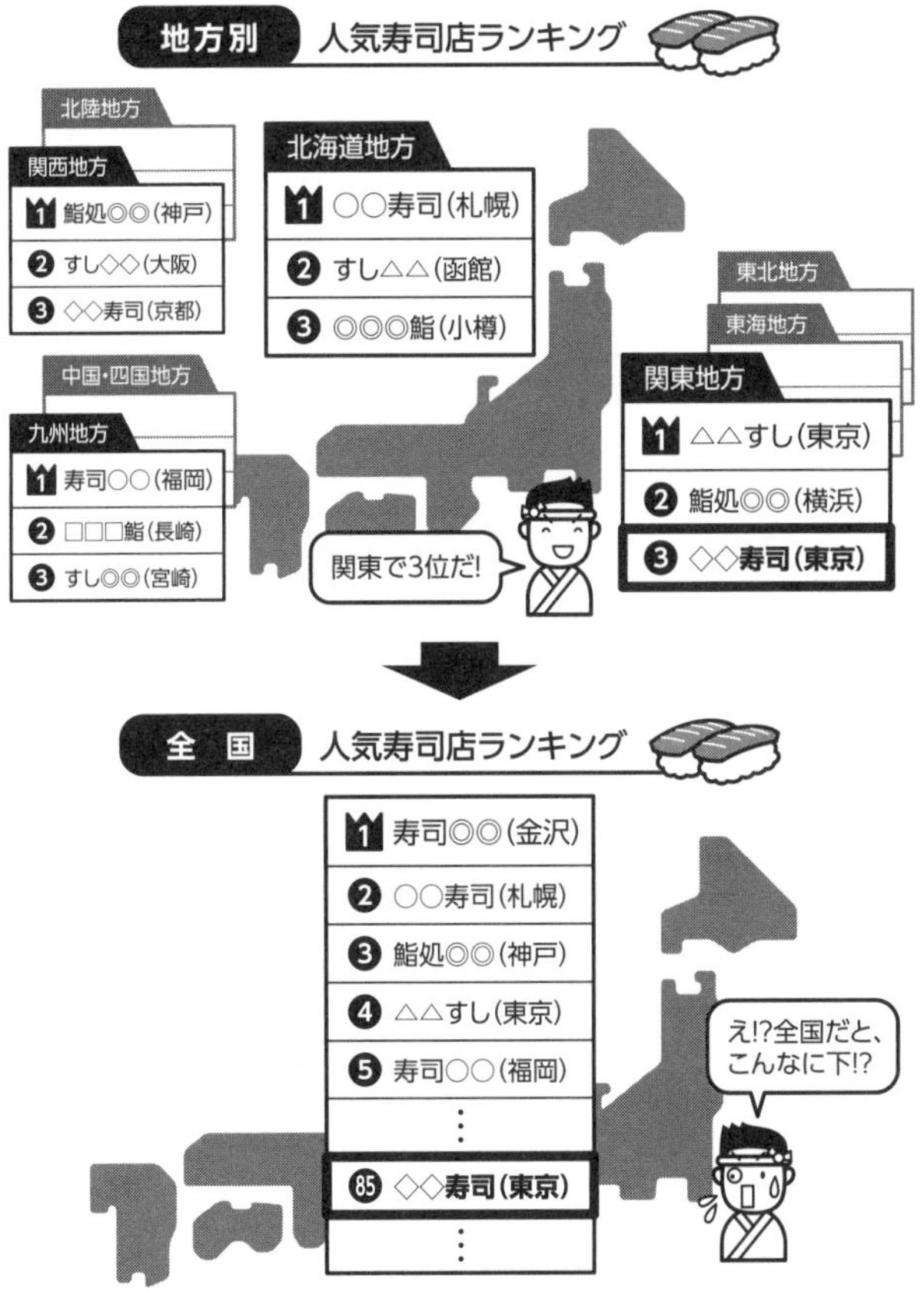

た店でも（その地域全体のレベルが低ければ）、全国ランキングで990位になってしまうかもしれないのです（図9）。

こうした市場の統合と序列の再構築は、あらゆる分野で起こっています。これまで日本で最も優秀な子は、迷うことなく東京大学を目指していました。しかし今や、ハーバード大学やスタンフォード大学を目指す高校生も現れています。今後は東大や京大の合格を蹴って、海外の一流大学に進学する高校生も増えるでしょう。

一流の研究者に至ってはその傾向がさらに顕著で、日本で最も研究環境の整っている大学や国立研究所より、さらに自由度やレベルの高い研究環境を与えてくれる大学やラボを、世界中から選べるようになっています。

日本人だけではありません。インド人や中国人の中で教育レベルの高い人は、自国で成功することだけではなく、シリコンバレーで成功することも、現実的な選択肢として考え始めています。これは彼らにとっての、就活市場の世界統合です。

医療に関しても、国内の医療費の高さに耐えられず、インドなど他国で手術を受けるアメリカ人が増えています。インドとアメリカの医療市場（病院と患者のマッチング市場）が統合され、医療施設の競争は一国内ではなく、世界規模で行なわれるようになってきたのです。

最初に書いた、就職や結婚の例でも同じです。町で一番の〝べっぴんさん〟（＝美人のお姉さん）は、昔なら町で一番のお金持ちと結婚していたのでしょうが、今なら東京に出てモデルとして活躍し、日本全体でも大金持ちといえるレベルの起業家とくっつきます。これからは、「世界中の人とお見合いやデートをして結婚相手を探す」のも、当然のことになるかもしれません。

就職においても、地方で育った優秀な子が地元の優良企業に就職する時代は終わり、そういう子供は都会に出て、日本トップクラスの企業に就職するようになりました。今や東京大学の学生が選ぶ就職人気企業の中には、グーグルやマッキンゼー、ゴールドマン・サックス証券にプロクター&ギャンブル（P&G）まで、世界一流の外資系企業が数多く含まれています。トップクラスの学生の就職先は、すでにグローバルな就職市場とも統合されているのです。

さらに今後は大学在学中に起業し、数年でグローバル事業を展開、10年以内にアメリカでＩＰＯを実現するような起業家が日本から生まれてくるかもしれません。キャリア形成の市場が統合されれば、日本で生まれ育った若者がそういう道を選ぶことも、ごく自然なこととなるのです。

ビジネスの分野でも、市場の統合は顕著です。昔は「国内トップメーカー」とか、日本国内での「御三家＝業界トップ3」といった地位を誇っていればよかったのに、今は世界で何番目なのか、世界シェアはどの程度なのか、と問われます。

20年前まではパナソニックとシャープとソニーで争っていればよかったのに、情報端末ではサムスンとアップルの他、シャオミなど中国メーカーまでもがライバルとなり、家電ならLGとハイアールとダイソンとフィリップスとデロンギとも競争しなくてはなりません。どの分野でも、競争はより大きな市場で起こるようになり、より厳しいものとなっています。

もちろん市場の統合は、日本にとって悪いことばかりではありません。アメリカやブラジルなど、牛肉の大量消費国でステーキを食べるたび、私は「いつかこの国の人たちにも、日本の牛肉を食べさせてあげたい」と考えていました。

市場が統合されれば、彼らも「我が国の牛肉は世界一ではなかった！」と気がつくと思ったからです。実際に最近は、神戸ビーフの人気が世界中で高まっているし、日本食も各国で大ブームです。神戸ビーフ以外でも、世界市場が統合されれば、日本一から世界一になれるものが、この国にはたくさんあります。必要なのは、何が世界でトップになれそうか、嗅ぎ分けるためのマーケット感覚なのです。

市場の統合は、国レベルでも起こっています。シンガポールは、「世界の富裕層が、多数ある国の中からシンガポールを選んでくれるよう」移民政策や税制、労働ビザの発給政策を巧みにコントロールしています。技術者不足に悩むシリコンバレーのＩＴ企業も、インドとカリフォルニアの労働市場を統合すべく、移民政策の見直しを米国政府に迫っています。

世界で統合された労働市場において、個人と国家がマッチングされるという「マーケット感覚」を持っているシンガポールやシリコンバレーが、そういう感覚を欠いている国々から、富裕層や優秀な頭脳を集めるのに成功しているのは、当然のことでしょう。

今後は、「東京大学は世界で何番目の大学なのか」という評価が、「日本では一番」という序列より、重視され始めます。日本で最も先進的な癌治療を行なっている病院は、世界ではいったい何番目に進んでいるのかと、日本の癌患者も気にするようになるのです。

しかも、日本一になるために必要なことと、世界で評価されるために必要なことは、必ずしも同じではありません。日本で一番になるためのゲームと、世界で一番になるためのゲームでは、勝つためのルールが異なるからです。

ミシュランガイドから星をもらっている東京のレストランの多くが、内装から食器まで、西欧人が好きそうな和風情緒に溢れていることは、そのことをよく示しています。料理の味はもちろんですが、食という分野において海外の人から高評価をもらうには、「見た目も含めて日本的であること」が鍵になるというわけです。東京大学だって、どれだけ質の高い教育を提供しても、日本語のみでしか授業をしない限り、世界で一番の大学になるのは不可能でしょう。

富裕層の多いドバイの日本料理店の経営者は、「ここではハラールかどうかを気にする人は多いけど、料理の値段を気にする人はほとんどいない」と言っていました。ハラールとは、イスラムの戒律に則った食材調達や調理方法のことです。

日本では皆が「よいものを安く」を追求しがちですが、世界には「よいものは高く」が当たり前という地域もあります。市場が統合され、市場参加者が大きく変わったとき、ゲームのルールがどう変わったのか。それを見極める力（これもマーケット感覚のひとつです）がないと、市場統合前の地位を維持することさえ、難しくなってしまうのです。

需給で決まる価格

社会の市場化による、もうひとつのルールの変化、それは、価格が需要と供給（需給）のバランスによって、大きく左右されるようになったことです。

最高級のキャビアやトリュフは、50グラムで数千円と驚くような値段ですが、その値段にふさわしい美味しさかと問われたとき、「もちろん！」と即答できる人は多くないでしょう。ましてや栄養価が高いわけでもありません。貧しい時代に、キャビアとバナナが店頭に並んでいれば、バナナのほうが人気で、値段も高かったろうと思います。キャビアなんていくら食べても、空腹が満たされることはありません。

にもかかわらずキャビアやトリュフがあんなに高価なのは、供給が増えないのに、世界中にそれを欲しがる人が増えたからです。高いお金を出してキャビアやトリュフを買いたいと思う日本人の数は、30年前より今のほうが大幅に増えています。中国やインドの富裕層も、高級食材を求め始めています。

「高級グルメ市場」が世界で統合された結果、以前はフランス人以外、誰も知らなかった珍味を、世界中の富裕層が「一度は食べてみたい」と考えるようになり、結果として需要が急増し、とてつもない高級食材になってしまったのです。

戦前戦後の貧しい時代、バナナや卵が貴重な食材だったのは、栄養価が高いからでした。でも今のキャビアやトリュフ、もしくは国産松茸の値段は、単純に需要と供給で決まっています。

世の中には、そんな価格の決まり方について、「正しいあり方ではない」と考える人もいます。食品の価格は需給ではなく、味や栄養価で決まるべきだと考える人たちです。

しかし現実には、食物の価格を決める要素として、味や栄養価が与える影響は、どんどん小さくなっています。それよりも、「楽天ランキングで日本一」とか、「欧州のコンテストでグランプリ」といった評判のほうが、より大きく需要を押し上げ、プレミアム価格での販売を可能にしてくれるのです。

「よいものを作れば売れる時代は終わった」と言う人がいますが、そんな時代はもはや、歴史上の出来事と言えるレベルです。さすがに最近は撤退も増えてきましたが、長らく日本では、パソコンやデジカメ、テレビや掃除機など、家電を作るメーカーが数多く存在していました。こんなに多くのメーカーが同じような商品を作れば、当然に価格は下がります。そんな供給過多の市場で「よい商品を作れば売れる」などと言っていては、マーケット感覚の欠如を露呈するだけです。

マーケット感覚のある人は、「どんなによい商品を作っても、供給者が多すぎると儲からない」と理解しています。そしてダイソンやアイロボット（ロボット掃除機・ルンバの開発メーカー）のように、他社とはまったくコンセプトの違う商品、すなわち、他の供給者が提供できない商品を作ろうとするのです。

最初にダイソンがサイクロン方式の掃除機を売り出したとき、国内メーカーの掃除機に比べて3倍以上もする商品がバカ売れしたのは、「サイクロン方式がすばらしいから」ではなく、「ダイソン社しか、サイクロン方式の商品を出していなかったから」です。市場化が進む社会で高く売れるのは、「よい商品」ではなく、「需要に比べて供給が少ない商品」なのです。

需給バランスに振り回される難関資格職業

需給バランスがますます重要になる市場化した社会では、難関資格を要する職業に就いた人も翻弄されています。世の中の親が優秀な子供に望む職業を示す言葉に、「医者か弁護士」とか、「末は博士か大臣か」といった言葉がありますが、最近はそれらの職業の多くが、市場化の波にさらされているのです。

特に悲惨なのは「博士」でしょう。大学と大学院を合わせ9年も勉強して博士号を取得したのに、教授職につながる大学の正規教員になれず、ポスドクと呼ばれる短期間の契約ポジションを転々とする人が数多くいます。運良く大学教員になれても、不安定な立場の非常勤講師として、安い給与でしか雇ってもらえません。この状況はオーバードクター問題と呼ばれ、博士号取得者で仕事のない人は、高学歴ニートとまで呼ばれています。

こんなコトが起こっている原因は、博士号保有者に対する、需要と供給のバランスが崩れたことです。昔は、博士号をとるまで勉強を続けられる人は、相当に裕福な家庭に生まれた子供か、ものすごく優秀で、大学を卒業したらすぐに助手として雇われるような、卓越した才能のある人だけでした。つまり博士号人材の供給は、極めて限られていたのです。その一方、日本全体の人口は増え続けていたので、大学教員などの正規ポストも、子供（学生）の数に合わせて増えていました。

需給バランスが変わったのは、1990年代の半ば、文部科学省が打ち出した大学院重点化政策により、博士課程の定員が大幅に増やされたことによります。

欧米先進国に比べて少ない博士号取得者を増やしたかったという政策意図は理解できるのですが、同時期に少子化の進行した日本では、大学が必要とする教授の数はまったく増えません。博士号を有する人の職場が減りつつあるのに、博士号人材の供給が急増したた

図10 司法試験合格者数の推移

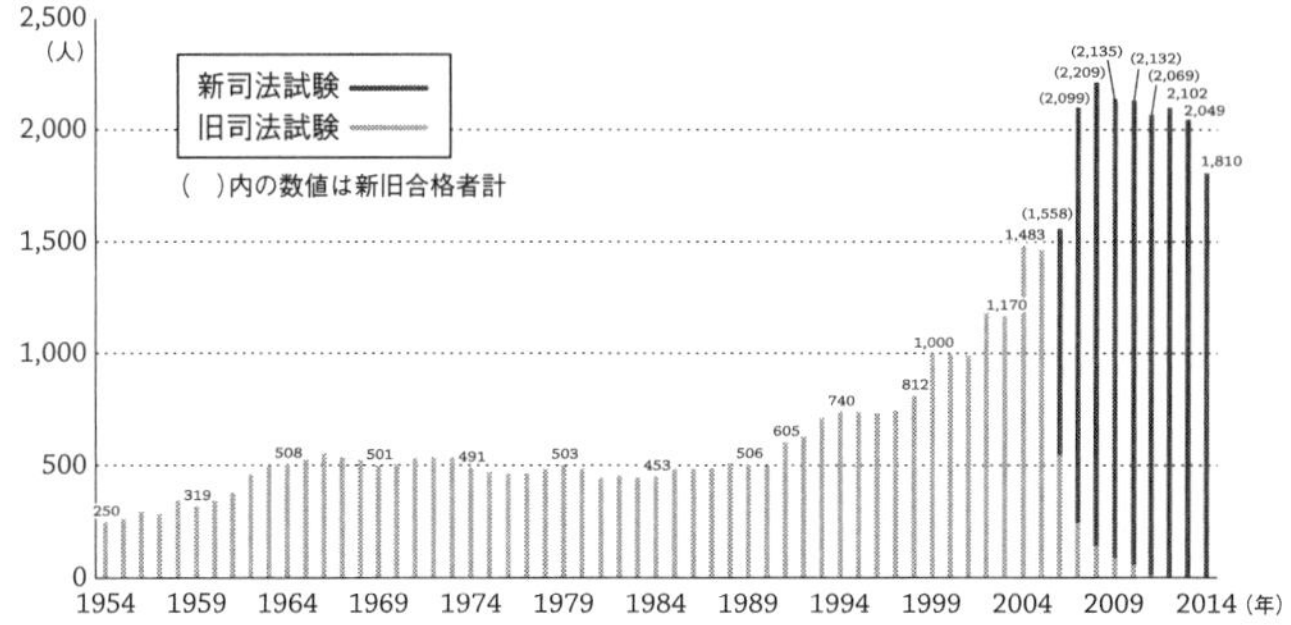

出所：総務省ホームページ

め、受給バランスが大きく崩れ、職にあぶれる博士様が続出したというわけです。

同じことが弁護士にも起こりました。人口当たりの弁護士数が欧米に比べて少ないと考えた司法制度改革審議会の提言によって、司法試験の合格者数が、3倍の3千人程度に引き上げられたのです（その後、供給過多問題がクローズアップされ、実際の合格者は2千人程度となっています　**図10**）。

しかし、合格者数を増やして弁護士の供給数が増えても、弁護士への需要が増えるわけではありません。日本は人口自体が増えないし、アメリカのように裁判所が高額の賠償金を認めることもなく、裁判には多大な時間もかかるので、紛争を裁判で解決しようとする人が増えるはずもありません。結果として弁護士は余り始め、法律事務所に就職できない新人弁護士が、なんの実務経験もないのに1人で開業せざるをえないといった、無茶な状況に追い込まれています。

数年前から、電車の中や雑誌、時にはテレビでも「長期にわたって消費者金融を利用していた人は、過払い金が戻ってくるかもしれませんよ！」と呼びかける広告を大量に目にするようになりましたが、これは、弁護士が仕事（依頼者）を探すために出している営業広告です。

日本で一番難しいといわれる司法試験に合格したのに、過払い金返還訴訟という、ほとんどスキルの要らない仕事（最高裁が判例を出しているので、手続き書類さえ揃えれば確実に勝てる訴訟）の依頼人捜しに躍起にならざるをえないなんて、本当に大変です。弁護士の需給バランスが大きく崩れたことに気がつかないまま、「資格をとれば一生安心」と考えていた人は、現実の厳しさにびっくりしていることでしょう。

一方、医師については、まったく反対のことが起こりました。医師の供給数は、大学の医学部の定員によって決まりますが、その入学定員は長い間、政策的に抑制されてきました。それどころか、出産や育児のため、フルタイムで働くことが難しい女性の医学部進学者が増えたため、実質的な医者の供給数は減少したとも言われます。

ところがこの間、医師への需要は大きく増えました。高齢化の進展で病気になる人が増え、栄養過多と運動不足で生活習慣病も増えています。晩婚化による高齢出産の増加に伴い、自然分娩が多かった出産にも高度な医療が必要となりました。夜間に活動する人が増え、夜の急患も増加。最近はストレスで精神科を受診する人も多いし、昔なら「寝ていれば治る」と言われた風邪でも、病院を訪れる人が増えています。

これだけ需要増の要因があるのに供給はほとんど増えなかったため、都会でさえ急患のたらい回しが発生し、勤務医の多くは、いつ過労死しても不思議でないような激務を余儀なくされています。

最近は労働環境が厳しすぎるという理由で、飲食チェーンでのアルバイトが集まりにくくなっていますが、それとまったく同じ理由で、病院も医師を集めるのに大変な苦労をしています。牛丼屋の夜間オペレーションを1人で担当するのも大変でしょうが、医師だって1人で夜勤を担当するのは大変です。そんなことをしなくてすむ職場を探したいと思うのは（どちらの立場にいる人も）同じでしょう。

日本で最も高いレベルの教育を受けた人と、ワーキングプア問題が取りざたされることも多い飲食チェーンで働く人が、極めて似たような労働環境に苦しめられているその理由は、ふたつの市場の需給バランスが似通っているからなのです。

キャリア形成にも不可欠なマーケット感覚

こうした博士、弁護士、医師を取り巻く環境変化の背景には、ひとつの構造的な要因があります。それは、これらがすべて、供給が政策的に決められる職業だということです。博士号の取得者数は、大学院の博士課程の定員によって決まるし、医師の数は医学部の入学定員によって決まります。弁護士については、司法試験の合格者数が政策的に変更されました。

一般的には、職業の供給数は市場によって決まります。たとえば自動車業界の景気がよければ、自動車メーカーが大量の技術系学生を採用し、結果として、自動車関連のエンジニアが増えます。市場での需要増に連動して、技術者の供給も増えるのです。

反対に雑誌が売れなくなれば、出版社は雑誌部門への採用や配属を控えるので、雑誌編集者という職業の供給も減っていきます。こうして、職業の需要と供給は市場によって調整されるのが普通です。

ところが、博士、弁護士、医師のように、国や業界団体が政策的に供給数を決める職業

図11 職業別の需要と供給の変化

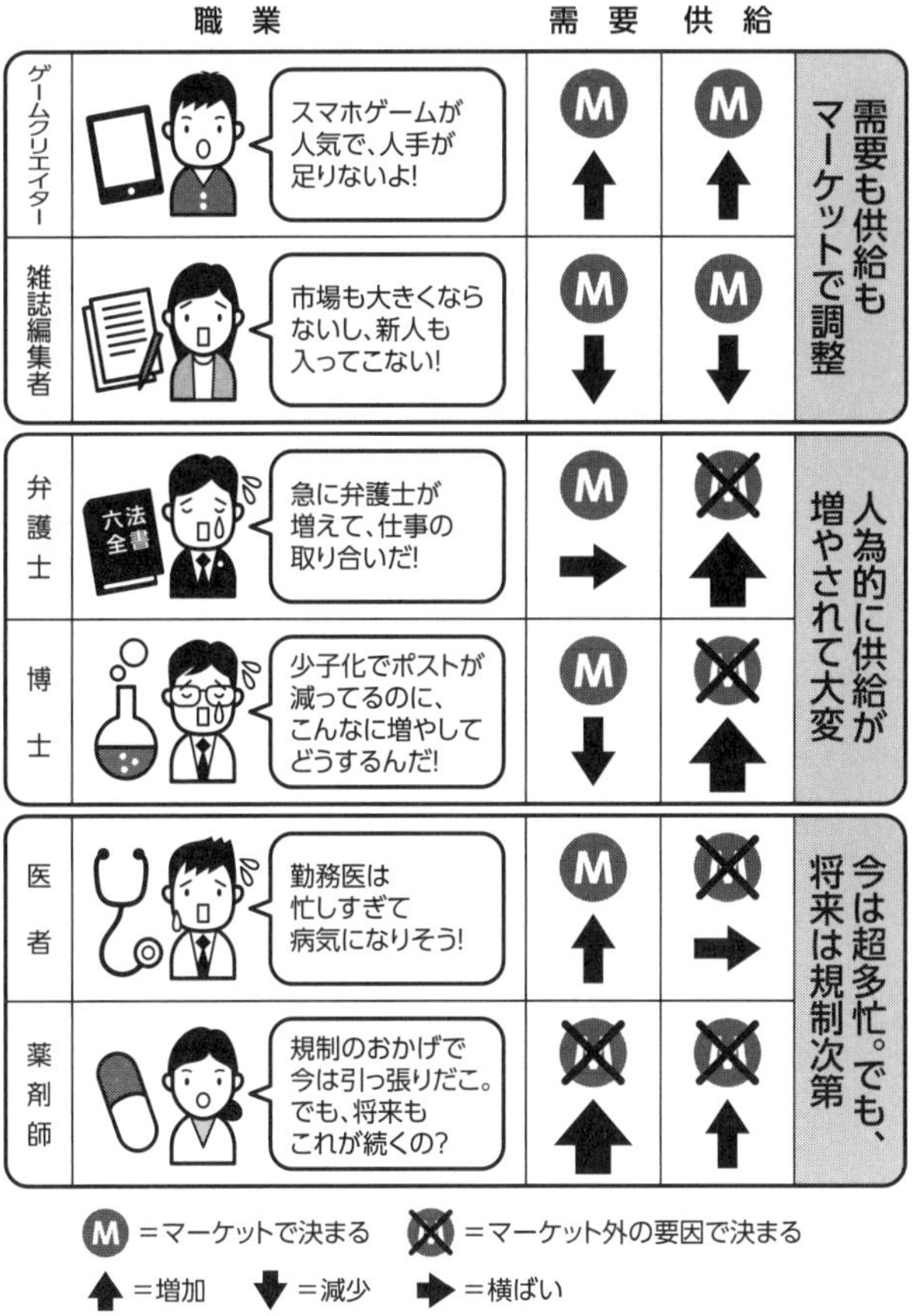

の場合、それを決める人に市場を読む能力（マーケット感覚！）が欠けていると、一気に需給バランスが崩れます。その結果、その職業を選んだ人たちが、大変な目にあっているというわけです（図11）。

つまりここでも、ゲームのルールが変化しつつあるのです。これまでの日本では、国家資格が必要な職業はほぼ自動的に「いい職業」だと思われてきました。特に合格率の低い難関資格を要する職業ほど、「高給で安定している」と考えられていたのです。

でもこれからは、お上が国家資格で保証してくれる職業ではなく、市場で強く求められる職業こそが、いい職業です。昔は政府が「すべての都道府県に国立大学をつくる！」と決めれば、大学の先生という職業の数（ポスト数）が、それに合わせて増えました。しかし市場の力が大きくなった現在では、政府の思い通りに需要や供給をコントロールすることはできません。地方大学をいくらつくっても、地方の若者が都会の大学に進学することを選ぶなら、地方大学で教職員のポストが増えるなんてことは起こらないのです。

市場化する社会では、政府が認定した資格を無思考に目指すのではなく、その資格を必要とする職業がおかれた市場の状況について、正しく理解するためのマーケット感覚が不可欠です。

たとえば人気資格のひとつである薬剤師に関しても、今後の需給バランスの予測は容易ではありません。営業時間が長く、店舗数の多い大手ドラッグストアチェーンや、ショッピングセンター内の薬局、それにネット通販企業など、薬を販売する店の増加によって、薬剤師への需要は急速に高まり、一部では薬剤師争奪戦とまで言われる状況が起こりました。しかし、これを見越して大量に新設された薬学部では学生が集まらず、定員割れの大学も増えています。

さらに、将来、薬の使用履歴がクラウドで集中管理され、薬選びに関するアドバイスやリスク判断の一部を、遺伝子情報や服薬履歴に基づき、ビッグデータを分析した人工知能プログラムが担えるようになったらどうなるでしょう？　技術や規制が変われば、薬剤師への需要が一気に縮小することも、十分にありえるのです。

今、「手に職を付けておけば安心」という理由で子供に薬剤師になることを勧める親もいると思いますが、その子が働いている間ずっと、今の需給バランスが続くかどうか、誰にもわかりません。薬剤師には「安定した職業」というイメージもありますが、私にはむしろこの業界は、今後大きく市場化の進むおもしろい（＝変化の振れ幅の大きな）業界に思えます。

もちろん資格を必要としない一般の職業でも、需給バランスの変化によって、働く機会や得られる報酬は大きな影響を受けます。特に、変化の早い情報関連ビジネスの分野では、需要の落ちた分野で高い技術力を持っているより、需要が爆発する新分野での技術を持つ人のほうが（たとえレベルがそんなに高くなくとも）市場では引っ張りだこになります。

今でこそスマホ関連の技術者は労働市場で高く評価されますが、10年前にそんな技術を持っていた人はほぼ皆無です。同じように、10年後に強く求められる技術分野を予測するのも不可能です。技術革新のスピードが緩やかだった時代なら、10年かけて特定分野の技術を磨くのもよかったのでしょうが、これからはそんなやり方は通用しません。

自分が勉強している間に、その仕事に対する需要の大きさが変わってしまうかもしれないのだから、ひとつの分野にこだわり続けるより、需要が増える分野を見極め、伸びている分野にすばやく移動することのほうが、よほど有用な場合も多いのです。

ここ数年、スマホゲーム（ソーシャルゲーム）が大ヒットし、ゲームクリエイターやプログラマーが、医師や弁護士より高い年収で引き抜かれるといった状況が起こりましたが、彼らは、「10年前から、ソーシャルゲームについてのスキルを磨いてきた人」ではなく、

「他者より早めに、ソーシャルゲームの分野に（別の分野から）移ってきた人」なのです。

このように、市場化の進む社会におけるキャリア形成では、市場の動向をイチ早く見極めるためのマーケット感覚と、需給バランスの変化に合わせて自分のスキルや専門性をシフトするための柔軟性や決断力が、何より重要になるのです。

第3章

マーケット感覚で変わる世の中の見え方

マーケット感覚が身につくと、世の中の見え方が変わります。これまで堅く信じていたことが疑わしく思えてきたり、人生でやるべきことの優先順位が変わったり。時には、働き方や生き方、子育ての方針までが変わります。本章では、マーケット感覚を研ぎ澄ますことで見えてくる「常識とはちょっと違う風景」を覗《のぞ》いてみましょう。

これからは英語の時代ってホント？

1999年、日産自動車がルノーの出資を受け入れ、日本語を話さないカルロス・ゴーン氏がその社長になったとき、多くの人が「もう逃げられない」と観念しました。英語力は長らく、ビジネスに欠かせないスキルになると言われてきましたが、伝統的な日本企業で働く人の多くは、自分が英語で仕事をするなんてまだ遠い先の話だと考えていたのです。

そんななか、日本で二番目に大きな自動車会社に外国人社長がやってきました。こうなると、他の日本企業に勤める人にとっても「明日は我が身」です。今や、自身が英語を勉強することはもちろん、子供をインターナショナルスクールや、幼児向け英語塾に通わせる親も増えています。

最近では、楽天やファーストリテイリングで英語が社内公用語化されたり、小学校での英語教育の本格導入や、大学受験へのTOEICスコアの活用が検討されるなど、英語の運用能力を高めようという動きが、いよいよ本格化してきました。

しかし（そんな風潮に水を差したいわけではありませんが）、「英語は、これからの社会で成功するための必須スキルか？」と問われたら、私はもはや即答できません。「できないより、できたほうがいい」とは思うけれど、最近は英語がそこまで大事な能力だとは、思えなくなってきたからです。

10年くらい前まで私は、「読み書きそろばん」に替わり、これから必要になる基礎的な能力として、

- 論理思考力
- 英語力
- リーダーシップ
- ITリテラシー

などを挙げていました。でも最近は、「ちょっと違うかも」と感じ始めています。これ

から求められるのは、マーケット感覚も含めた、もっとメタな能力（具体的なスキルより上位に位置する、より抽象的で汎用的な能力）だと思えてきたのです。特に英語力については、これからもそこまで重要であり続けるのか、やや懐疑的になっています。

私は4年前まで、20年近く外資系企業で働いてきました。その間ずっと「英語さえできれば、日本ではこんなに稼ぎやすいのね」と思っていました。社内公用語が英語の米国系企業では、企画や営業、技術職などの基幹職に加え、秘書から経理、総務、ＩＴ部門のスタッフまで、全員に一定レベルの英語力が求められます。

ところが日本の労働市場では、英語ができる経理スタッフや、英語ができる総務担当者の供給数はとても少なく、日本にオフィスを構える多くの外資系企業がそれらの人材を取り合うため、結果として報酬がかなり高くなるのです。そういった状況を長く見てきたので、私も当然のように、これから働く人には英語が必須だろう、もしくは、英語力があればとても有利だろうと考えていました。

でも最近は、そうとも言い切れません。今まで「英語を話す人」といえば、アメリカ人やイギリス人、それにカナダやオーストラリアの人など、先進国の人だけでした。そういう国からわざわざ日本に来て、総務や経理をスタッフレベルで担当しようなんて人は、ほとんどいません。なのでどの外資系企業も、英語ができる日本人を雇っていたのです。

ところが今や、フィリピン人もインド人も英語を話すということがわかってきました。より正確にいえば、彼らは以前から英語を話していたのですが、これまでは先進国の職場には入ってこなかったので、「いないことになっていた」のです。でも、彼らが「英語で経理」や「英語でＩＴサポート」をやってくれるなら、必ずしも英語ができる日本人を、高い給与で雇う必要はありません。

今、欧米のグローバル企業は、フィリピンに経理処理センターをつくり、インドにＩＴ部門をつくって、自社の経理作業やＩＴサポートを、それらの国の人に任せ始めています。これにより日本を含む先進国のオフィスでは、英語ができる経理スタッフやＩＴスタッフが不用になりつつあるのです。


アメリカ企業が、米国内のコールセンターをインドに移したのも同じです。英語で仕事ができ、圧倒的に安い給与で働いてくれるインド人に、アメリカ人は仕事を奪われました。今や「英語で仕事ができる」ということが、本格的にコモディティ化しつつある（＝供給の多い、単価の安い仕事になりつつある）のです。

しかもインドやフィリピンでは、これからまだまだ人口が伸び、教育レベルも上がっていきます。そうなれば英語力だけでなく、ビジネスの遂行能力にも優れた「英語人材」が、世界の労働市場に大量に供給されます。日本人が英語を学ぶ必要がないとまでは言いませんが、英語ができればすごく有利という時代はすでに終わりなのではないでしょうか。

これまでなら、英語ができればアメリカ人やイギリス人と仕事を奪い合えたのに、これからは英語ができても、仕事を取り合う相手はフィリピン人やインド人です。各国の1人当たり所得を思い浮かべれば、高いコストをかけて英語を勉強しても、報われるレベルは大きく違ってくるだろうと容易にわかるはずです。

マーケット感覚をフル回転させてこの問題を考えれば、今後はもっと供給の少ない言語を習得するほうが、明らかに有利です。たとえば、インドネシアは2億5千万人という日本の倍の人口を抱え、経済発展の途上にあるため、多くの日本企業がその市場に注目しています。天然資源も豊富で、エネルギー輸入の面でも日本とのつながりが深くなります。

将来、ビジネスや観光で訪日するインドネシア人が増えると考えれば、彼ら向けの旅行会社や、留学や就職のサポート、イスラム教の人向けの食事や生活支援といったビジネスには、大きな可能性が出てきます（インドネシアの人口の88％がイスラム教徒です）。今の日本で、インドネシアの人向けのサービスがどの程度、供給されているかと考えれば、インドネシア語ができることは、英語ができることよりも安定した職業につながるかもしれないのです。

私は20年前にアメリカに留学しましたが、もしも今20代であれば、留学先はおそらくインドネシアにするでしょう。数年で言語がマスターできるとは思いませんが、同級生の中から現地のビジネスパートナーを見つけることで、日本人の強みを活かしたビジネスが立ち上げられると思うからです。

特に、日本ではハラール食やお祈りの習慣など、イスラム教徒の生活や嗜好を理解している人が極めて少ないので（＝供給が少ないので）、皆に先駆けて知見を身につければ、その分野の第一人者になるのは、英語分野で同じことを実現するより相当に簡単そうです。

「これからは英語が大事」……そう言われ始めてすでに30年以上になりますが、そんなことを言っている間に、状況は変わり始めています。インドネシアは一例なので他の国でもいいのですが、供給の少ないもので、強く求められるものは何か、と考える癖をつけると、「とりあえず英語」という一種の思考停止からも脱却できるようになるはずです。

市場の「入れ子構造」を理解しよう

もうひとつ、マーケット感覚を研ぎ澄ませると、多くの人の考えが変わると思われる事例があります。それは、日本でものすごく成功している市場のひとつである、貯蓄市場についてです。

消費市場では、メーカーや飲食店、小売業、通信会社などさまざまな企業が、消費者の可処分所得を取り合っています。モノやサービスを売っている企業は、この消費市場だけに注目しがちですが、実はその前に、すでに熾烈な競争が行なわれているのです。

それは「消費市場」と「貯蓄市場」の競争です。そこでは「お金を使う市場」と「お金を貯める市場」が、人々のお金を取り合っています。つまりお金を巡る市場は、**図12**にあるように、複数レイヤーの市場からなる入れ子構造になっているのです。

上位レイヤーの市場間競争において金融機関は、「安心の老後には何千万円が必要」「子供を1人育てるには何千万円かかる」と煽《あお》りに煽ることで、お金を消費市場から貯蓄市場にひっぱってきます。書店に並んでいる多数のマネー誌は、金融業界が一丸となってお金を貯蓄に向かわせるための「貯蓄・投資市場の広報誌」です。

図12 市場の「入れ子構造」

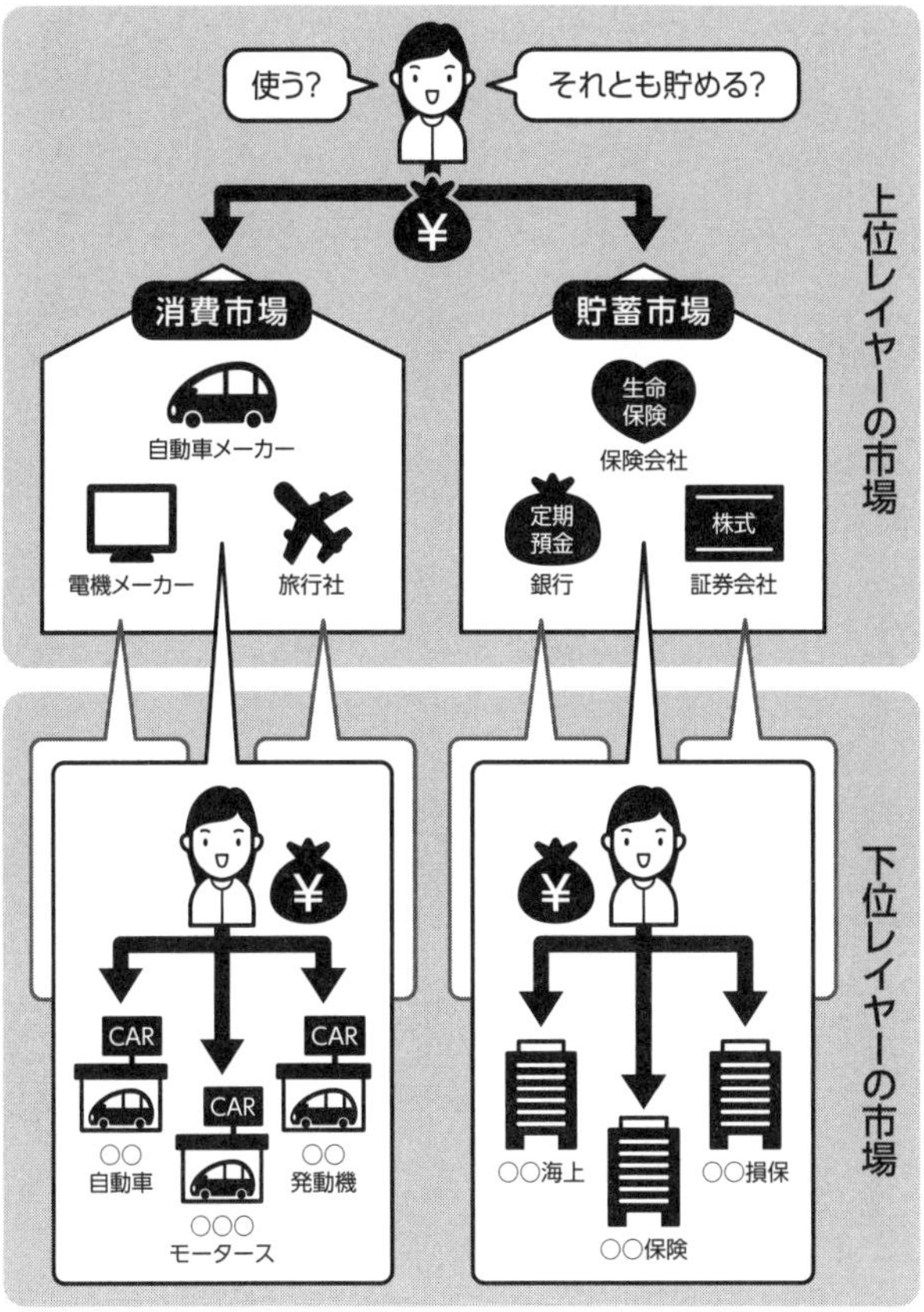

車を買おうか、洋服を買おうか、外食や旅行をしようかと迷っていた消費者が、このキャンペーンにひっかかって、「やっぱり貯金をしよう」と考えてしまう例はいくらでもあります。こうして個人のお金は、消費市場の中でいろんな企業が取り合いを始める前に、貯蓄市場に取られてしまうのです。

もちろん下位レイヤーの貯蓄市場や投資市場の中では、複数の銀行や証券、保険会社などが激しいシェア争いをしているのですが、そのひとつ前に、大きな枠組みとして「お金を使う世界」と「お金を貯める世界」の競争があり、金融機関はみな、このレイヤーの競争が非常に重要だと理解しています。

一般の人は「銀行にお金を預ける」とか「住宅ローンを借りる」という言い方をしますが、金融機関で働く人から見れば、「定期預金を売る」「ローン商品を売る」です。

貯金は商品であり、金融機関はそれを売って利益を上げています。丸の内や大手町にある銀行や保険会社の本社ビルの立派さを見れば、彼らがそういった商品を売ることで、どれくらい儲けているかよくわかるはずです。

一方の消費財メーカーやサービス業は、上位レイヤーにおける市場間競争に気がついていません。「子供を1人育てるには何千万円必要だ。だから貯蓄を！」と呼びかける金融機関に対して、「子供が1人いれば、老後の費用はこれだけ少なくてすむ！　むしろ一緒に旅行や食事を楽しんでおくなど、子供や孫と仲良くなっておいたほうが、老後は安心です！」と宣伝できるはずなのに、そんなメッセージは、見たこともありません。

もしくは「死ぬときに何千万円も貯まっていたら、それで幸せでしょうか？　お金は生きているときにこそ、有意義に使いましょう！」というキャンペーンがあってもいいのに、そんなのも聞いたことがありません。目に付くのは「お金のない老後はこんなに悲惨」という貯蓄・投資市場側のキャンペーンばかりです。

金融業界が上位レイヤーの競争を理解できているのは、日本が戦争をしていた頃に、国家ぐるみでふたつの市場の競争が始まったからでしょう。「欲しがりません。勝つまでは」などといって節約を呼びかけ、（後に紙くず同然となる）国債を買わせたのは、まさに国家を挙げての、消費から貯蓄へのお金の移動推進キャンペーンでした。

政府は戦後の高度成長時代にも国民に貯蓄を奨励し、そのお金で輸出企業の設備投資が促進され、鉄道や道路、ダムなどの社会インフラが整備されました。こういう経験から、貯蓄・投資側にいる金融機関は、

①まずは消費市場からお金をひっぱってくる
②次に、貯蓄・投資市場の中で他の金融機関との競争に勝つ

という二段階で市場を捉える癖が付いています。一方、消費側にいる企業にはこういう発想がまったくないので、日本人はやたらと貯金するのがよいことだと思わされています。

先日読んだマネー誌には、子供が就職に失敗し、独立が遅くなる場合も考慮して、必要な貯金額を計算しようと書いてあり、驚きました。そんなコトにまで備えろというのなら、息子が事業で成功し、たっぷりと仕送りをしてくれる未来も、同じように想定すべきじゃないでしょうか。

マネー誌の勧めを真に受けて、せっせと投信を買うのは本当に賢いお金の使い方なのか。日本は世界で最も高齢者福祉に手厚い国のひとつなのに、なぜここまで「老後のためにお金を貯めよう」という意識が高いのか。その背景にある貯蓄市場と消費市場の構造を理解するために必要なのも、マーケット感覚です。

特に若い人は、むやみに貯金ばかりしていては、将来に向けて必要な経験が得られませ

ん。今年100万円分の貯金が増えたと喜んでいる人は、自分はもしかしてこの1年で、100万円分の貴重な経験を逃がしてしまったのではないかと、振り返ってみるべきです。

「老後には何千万円かかる！」と不安を煽る記事を書いている人は、あなたの老後の心配をしてくれているわけではなく、単に貯蓄市場の広報係に過ぎないのです。

NPOに負けているビジネス部門

個別の企業が競争するひとつ上のレイヤーで、それよりも重要な競争が行なわれているという「市場の入れ子構造」は、他の分野でも見られます。10年くらい前から始まった、就活市場におけるNPOなど非営利セクターの躍進がその例です。

新卒の就活市場では、個別企業と学生がマッチングされる市場の上位レイヤーで、営利セクターと非営利セクター（パブリックセクター）というふたつのセクターが、学生を取り合っています。

「社会起業」という言葉が流行ったことからもわかるように、営利を目的としない組織で働きたい人の数は、以前に比べると大きく増えています。今や一部の学生は就職活動の際、まず非営利のセクターを選び、その後に、公務員か、NGOやNPOか、それとも社会起業か、などと考えます。このとき、上位レイヤーで非営利セクターを選択した学生は、下位レイヤーの市場で個別の就職先を検討する際、もはや一般の民間企業をまったく眼中に入れないのです。

ＮＰＯや社会起業といった選択肢が、社会に貢献できる唯一の方法であるかのように、「世の中の役に立ちたい」と考えるナイーブな学生に思わせたのは、非営利セクターの作戦勝ちと言えるでしょう。

一方、営利セクターに属する企業は、他の民間企業との採用競争のみに注力し、事業を通して利益を上げ、税金を納めて社会に貢献することの意味や、革新的なサービスや商品の提供を通して世界を発展させるという営利セクターの意義を、就活学生に広めることに成功していません。

アップルやアマゾン、そしてトヨタやパナソニックのような営利企業の多くは、長きにわたって、人々の生活を驚くほど豊かにし、社会の役に立ってきました。本来、営利企業と非営利組織の違いは、「社会の役に立つか、立たないか」などという違いではありません。

それなのに、「社会のためになる仕事がしたい。だから公的機関かＮＰＯで働く！」などと非論理的なことを言う人が現れるのも、営利セクターに属する企業が採用市場におけるメタ市場の入れ子構造を十分に踏まえたうえで、メッセージを発信できていないためなのです。

成功の鍵は市場の選択

もうひとつ。成功するためには「市場の選択」が重要だということも、覚えておきましょう。以前テレビ番組が、結婚したいのにできないという20代の男性を取材していました。年収が300万円未満、学歴も高くないというこの男性は、職場が男性ばかりで出会いの機会がないので、結婚情報サービス会社に登録したとのこと。ところが、登録している女性にデートを申し込んでもまったく会ってもらえず、なんと200人もの女性に、会うことを断られたというのです。

出演していた男性は、さわやかな好青年で背格好も普通、見た感じ、イケメンと言えるほどです。性格もまじめで、話も普通にできます。この番組の結論は、「収入が低い男性は結婚するのが大変な時代になった」というものでしたが、私が感じたのは「彼にマーケット感覚さえあれば、スグにでもいい人に出会えるのに」ということでした。

ちょっと考えてみてください。20代で、見かけも性格もよく、学歴と年収が低い男性は、どこで結婚相手を探すべきでしょうか？　この判断において、彼にとって最も不適切な市場が（彼が選んだ）結婚情報サービス会社です。

大手の結婚情報サービス会社では、多数の候補者を条件で絞り込み、顔合わせをする相手を選びます。このとき、女性側の検索画面はこんな感じです。

1. 希望の年齢を入力してください。
□ 設定しない
□ （　）歳以上（　）歳以下

2. 希望の年収を選んでください。
□ 設定しない
□ 300万円以上
□ 500万円以上
□ 700万円以上

3. 希望の学歴を選んでください

□ 問わない（中卒以上）
□ 高卒以上
□ 専門学校、短大以上
□ 大卒以上

これ以外にも、喫煙習慣や、相手の親と同居か別居か、趣味や嗜好など、さまざまな「希望条件」の入力画面が現れます。そして、自分が短大以上を卒業している女性の場合、こういった画面で「中卒や高卒でも可」と入力することは、ほとんどありません。年収に関しても、「とりあえず５００万円以上にしておこう」と、軽く考えてチェックをする女性はたくさんいます。

しかし、自然な出会いから結婚に至る場合、そこまで厳密に年収を気にする女性は、ほとんどいません。といっても、誤解のないように。年収２００万円と1千万円の男性が目の前にいたら、その理由で後者を選ぶ女性はたくさんいます。ですが、年収２９０万円の男性と、３１０万円の男性がいたとき、その差が決定的だと感じる女性はいないのです。

それにもかかわらず、検索画面の選択肢に「年収３００万円以上」とあれば、それを選んでしまうことは十分にありえます。そしてこういったシステムにおいては、２９０万円と310万円の差は、決定的な差（その男性に会うか会わないかという判断を変えてしまう差）になってしまいます。

学歴についても同じです。システム上で選ぶなら大卒以上という条件を選ぶけど、話していて尊敬できる人だと感じられれば、学歴は気にしないという女性はいるはずです。

つまり取材を受けていた「学歴と年収が低い」男性は、自分にとって極めて不利な市場（＝結婚情報サービスという市場）を使って婚活をしており、それが200連敗の原因になっているのです。

彼に向いている婚活の方法は、同窓会や友達の結婚式の2次会、街コンなどに積極的に参加し、いい人を探すことです。引っ込み思案でそんなことはできないと言うのなら、既婚の上司や先輩、親戚の（世話好きな）おばさんに頼んで、誰かを紹介してもらえばよいのです。若くて性格もよくてイケメンといえるほどの好青年が、システムマッチングを使う結婚情報サービスを選ぶのは、最初から負けるとわかっているゲームを選んで勝負するようなものです。

さらにもうひとつ、彼が気づいていない敗因があります。それは、このようなシステムの中では、彼にとってのごく当たり前の条件が、とてつもない高望みに該当してしまう、ということです。

この男性は、自分自身が20代です。デートを申し込む相手も、同じ20代の女性から探そうとしたのではないでしょうか？　おそらく彼は、「20代で結婚情報サービスに登録する女性」が、どんな動機でこういったサービスに登録しているのか、考えたこともなかったのでしょう。

20代の女性でこういったサービスに登録する人は、多くありません。焦って結婚する必要もないし、恋愛のチャンスも多いのです。それでも、あえて20代でそうする人の中には、「若い間に登録したほうが、いい条件で結婚できるのでは？」と考えている人が多そうですよね。そしてそうした女性が、結婚相手を学歴や年収でどのように絞り込むか、火を見るより明らかです。

この男性がフラれまくる様子を報じたテレビ番組は、すべての女性が結婚相手の年収を気にしているかのように報道していましたが、結婚情報サービス会社に20代で登録する女性は、女性全体に比べて、そういった条件を気にする可能性が高い女性なのです。つまりこの男性は、わざわざ自分が「売りにくい」市場を選んで婚活をしているわけで、これでは苦労するのも当然です。
私に言わせれば、彼に足りないのは学歴でも年収でもありません。足りないのは、マーケット感覚です。若さやルックスや性格など、自分の強みが活きる市場を選んで婚活を行なっていれば、こんな男性が２００連敗するなんてありえません。彼のような男性を好ましいと考える女性は、別の市場にはたくさん存在するし、合コンの場合なら「相手は20代の女性がいい」と考えても、高望みでもなんでもありません。

反対にいえば、こういったサービスを使うべき男性は、「口下手でまじめ。ルックスにも自信はないけれど、年収も学歴も高い」という人たちです（図13）。そういう人たちは、街中でナンパをするより、結婚情報サービスを使うほうが圧倒的に有利です。

今回は婚活の例でしたが、転職活動がうまくいかないという人の中にも、「市場の選択」を間違っている人が多数見受けられます。
たとえばイラストレーターや写真家、文筆業などのクリエイターの中にも、「イラストがうまい」＋「コミュニケーションが得意」という人もいれば、「イラストがうまい」＋「コミュニケーションは苦手」という人もいます。前者なら、関係者の多いプロジェクト

図13 市場の選択が成功への第一歩！

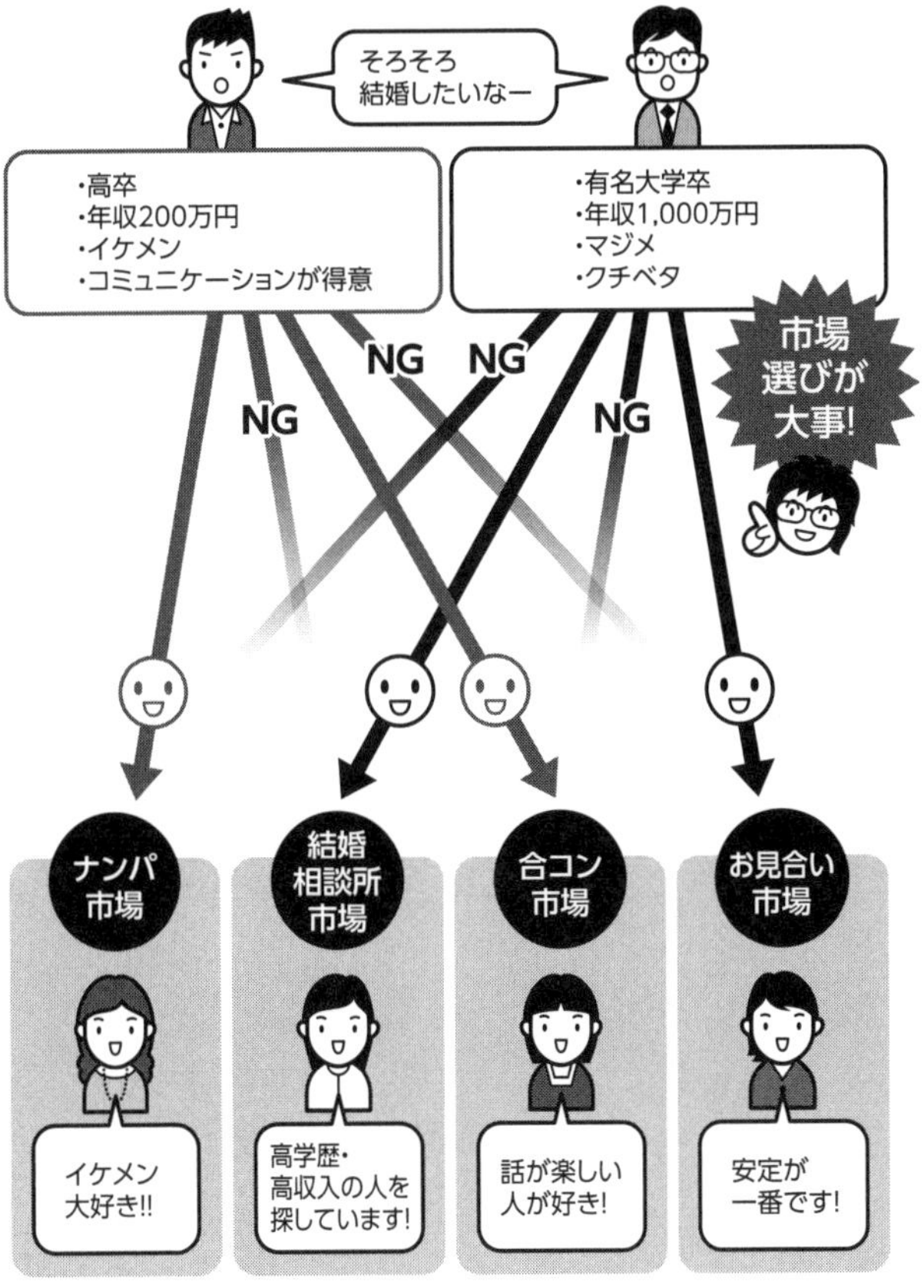

型の仕事が向いているし、後者なら、LINEのスタンプを売るような、1人で作業し、イラストだけで勝負できる市場が合っています。

自分をどこで売るべきか、自分が高く売れる市場はどれなのか。「一生懸命頑張る！」前に、どの市場で頑張るべきなのかという市場の選択にこそ、マーケット感覚を働かせる必要があるのです。

私的援助こそ弱者を切り捨てる

ボランティアや弱者支援といった、一見マーケット感覚とは無縁に思える分野においても、市場の構造を直感的に把握するマーケット感覚は、非常に役立ちます。なぜなら、人々の自発的な支援で成り立っている私的援助の分野は、完全にマーケットメカニズムに基づいて動いているからです。

私的な援助においては、誰がその寄付や援助を獲得できるか、ということが、市場原理のみによって決定されます。それは、所得や資産、本人の障害の状況によって、「誰を支援すべきか」が厳密にルール化されている公的福祉とは大きく異なります（図14）。

たとえば、公的援助（社会福祉）は高齢者に手厚いですが、私的援助は圧倒的に子供に

図14 私的援助は完全な自由競争市場

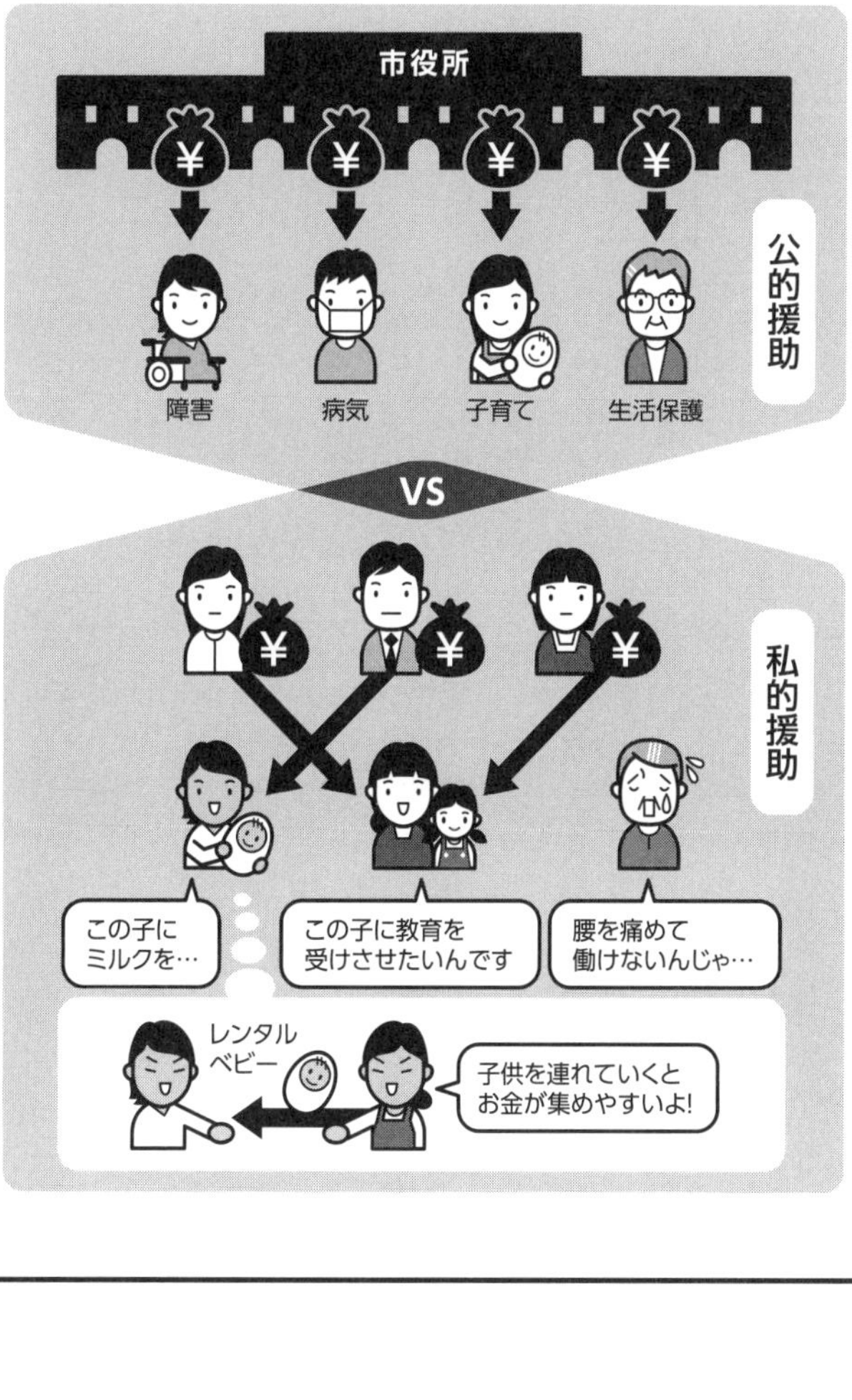

有利です。難病の子供に海外での臓器移植が必要となれば、時には1億円の寄付が集まります。しかし難病の中高年がいくら貧困にあえいでいても、国内での病気治療費100万円を集めるのも至難の業でしょう。これは「私的援助市場」において、子供は大人より圧倒的に競争力が高いことを示しています。

他にも、海外の難民のために毎月一定額の寄付をする人が、日本のホームレスに毎月、同額を寄付する人の数より多いならば、「海外の難民は、日本のホームレスより、私的援助市場において強者である」といえます。

特に、日本の私的援助市場ではなぜか、「カンボジアの子供」の競争力が高く、視聴者からの寄付を募ってカンボジアに学校を建てようというテレビ番組までありました。同じような番組は、日本のどこかに障害者施設を建てようという企画でも成り立つのでしょうか？　そうでないなら「カンボジアの学校は、日本の障害者施設より私的援助市場において競争力がある」といえます。

誰のために自分の寄付金や労力（ボランティア）を使いたいかという選択は、100％、寄付をする個人に任されています。寄付をする人は、「マーケットなんて大嫌い。格差はよくない。私は弱者を助ける！」と考えているのかもしれませんが、援助分野においても、強者と弱者は厳然と存在します。

しかもこの市場にはなんの規制もありません。国際条約も規制も監督官庁もない完全な自由市場であり、誰でも、自分が援助したいものを任意に選べます。「より貧しく、より困っている人から順に寄付を配分される権利がある」などというルールは存在しないのです。このため援助を勝ちとるには、マーケティングやコミュニケーション・ストラテジー（PR活動）が極めて重要です。

前述したように、子供は自己責任が問いにくく、素直に喜ぶため、大人に比べると高い競争力を持っています。このため一部の途上国では、日本人観光客が集まる場所に抱いていく赤ちゃんを、物乞いを生業とする人に貸し出す商売があるとまで言われています。

また、他の市場と同様、ここでも「見た目」が重要です。途上国で生活に苦労する少女を見て、「こんなかわいい女の子が、こんな苦労をしているなんて！」と嘆く人がいますが、そういう言葉を聞くたびに、若さや外見は大事だと痛感します。

寄付をする人の中には「教育費なら寄付してもいいが、生活費に消えるなら寄付をしたくない」という人もいます。できるだけ高尚なことに貢献したいと考える人です。

国連ＷＦＰ（World Food Programme）では、「途上国では給食が出るから、子供たちは学校にやってくるのです」と、寄付獲得競争において競争力の高い「教育」というキーワードを前面に出し、寄付の集まりにくい食費を集めることに成功しています。「食費なんてその場で消費されるだけだが、教育に寄付をすれば、国づくりにも役立ちそうだ」と考える人の気持ちを理解した、巧みなマーケティングです。

ちなみに高尚とされる寄付項目には国ごとに違いがあり、日本人が好きな分野は教育ですが、欧州ではイルカや鯨などの「ほ乳類」や「環境」、アメリカでは「人権」や「アート」も競争力が高いキーワードです。寄付を集める際には、こういったことを理解しているかどうかで、結果が大きく左右されるのです。

また寄付をする人と、それを受けとる人の間に適度な距離があることも重要です。日本で大人に寄付をすると、寄付を受けた人が「ビールを飲んでいた！」「タバコを吸っていた！」とか、ひどいときには「楽しそうに笑っていた！」とまで、騒がれます。「かわいそうだと思ったから寄付をしたのに、あたしより楽しそうだ！」となれば、被援助者は一気に競争優位性を失ってしまうのです。

ところが海外の子供たちへの寄付であれば、寄付したお金がどう使われているか、日本からはよく見えません。海外の子供たちへの寄付だって、一部が関係者のタバコ代に消えたり、物資の横流しがあったりもするはずです。しかしそれらが、日本から見えることはほとんどありません。これが寄付を獲得するうえで、極めて有利に働くのです。

今は、クラウドファンディングといって、インターネット上で「夢を実現するために資金が必要です。私に寄付（もしくは出資）をしてください！」と呼びかける仕組みができており、なかには数百万円もの額を集める人もいるのですが、ここでもお金を集めるのがうまい人は、マーケット感覚をフル活用しています。

資金を募っている人の中には、「自分は難病を患っている。同じ病気を患っている人のために、この体験を本にしたい」とか、「被災して潰れた店を再開したい」など、理不尽な目に遭った経験を強調し、お金を集めている人もいます。

ところが、彼らが本当に難病なのか、経営不振の原因は自分の努力不足ではなかったのか、といったことを、確かめる術はありません。こういう人に寄付をする人が、それらをどうやって確認しているのか、私はいつも不思議に思います。

私的援助にしろクラウドファンディングにしろ、資金調達に成功するには、「どんなストーリーを語れば、お金が集まりやすいか」と考えることが重要です。だから寄付を募る側は、一生懸命「私こそ、寄付を受けるのにふさわしい人物です！」とアピールします。そういう人と、私的援助をしたい人がマッチングされる。これはまさに市場です。

このように、一見、市場という言葉とは無縁に見える寄付や援助の分野でも、市場メカニズムはしっかりと働いています。だから、「市場原理など大嫌いだ。弱者を助けたい！」と考えている人でも、マーケット感覚がなければ、ものすごく困っているのに寄付を集める力のない人を切り捨て、その一方、巧みなマーケティングに騙されて、弱者でもない人にお金を渡しているかもしれません。マーケット感覚を磨く必要があるのは、ビジネスで儲けたい人だけではないのです。

必要なのは知識ではなくマーケット感覚

「グローバルな時代が来た！　とにかく英語を勉強しなければ！」と思っている人、20代、30代から「老後に備え、もっと貯蓄が必要だ。そのために、生活費や趣味の費用をさらに切り詰めよう！」と考えている人、「社会の役に立つお金の使い方をしたい」と言って、せっせと「かわいそうな人」に寄付をする人。

どれも間違いではありません。でも、ちょっとマーケット感覚を働かせると、まったく違う風景が見えてくることもあります。そして異なる風景が見えれば、行動が変わってくる人もいるはずです。

英語以外の何かを勉強し始めたり、貯蓄をするより、お金を使ってさまざまな経験を得始めたり、これまでとは異なる寄付の方法を選んだり。もしくは、就活や婚活で使う市場を変える人もいるでしょう。

これからはあらゆるものが市場型取引に移行し、今よりずっと多くの人が、市場化という現象に巻き込まれます。本章で挙げた例からも、投資やビジネスに縁がない人も含め、すべての人にマーケット感覚は必要なのだということが、理解していただけたと思います。

しかも市場は、常にダイナミックに変化しています。これは、市場における価格変動の話ではありません。そうではなく、市場自体の構造やその前提条件が、突然変わってしまうことがあるのです。

カニの需要が高いからとカニ漁に大きな投資をしていたら、いつの間にかカニカマボコのほうが人気化していた！　みたいなことも起こります。（もう少しまじめな例で言えば、）労働力に関しても、人手不足になれば最初は時給が上がります。ところが、あまりに大きく需給バランスが崩れると、ロボットやＩＴシステムの開発が促進されて自動化が進み、人間の労働力への需要は減ってしまいます。つまり、需要が非常に大きい市場だったからこそ、長期的には雇用機会が減少する、という場合もあるのです。

このように、市場はいつも変化しています。だから「この市場はこうなっている。そこでの動き方は……」と、知識として覚えるだけでは意味がありません。

そうではなく、市場の状況がどう変わりつつあるのか、アンテナを高くして迅速に感じ取り、それに応じてどう動くべきか、自分自身で判断できるよう、自らのマーケット感覚を鍛える必要があるのです。

第4章

すべては「価値」から始まる

ここまで「マーケット感覚」の重要性について説明してきましたが、これがいわゆる「マーケティング」とどう異なるのか、疑問に思われている方もあるでしょう。

一言でいえば、社会や人が動く根源的な仕組みを理解する能力がマーケット感覚で、その仕組みを活かして、何らかの目的を達成するための手法がマーケティングなのですが、その違いについてより深く理解するため、本章ではマーケット感覚の本質とも言える、「価値」について説明します。

マーケティングとマーケット感覚

マーケティングは経営学部やビジネススクールの必須科目であり、ビジネスの現場でも頻繁に使われます。有名な教科書や実践的な指南本も多く存在し、たいていの本には、Pで始まる単語が並んでいます。

私が最初に学んだ頃はProduct, Pricing, Packaging, Promotion, Placeの5Pでしたが、最近はPeople, Positioningを加えて、7Pと言うこともあるようです。確かにこういったフレームワークを活用すれば、それなりに効果が上がります。しかしその根底に生きたマーケット感覚がなければ、Pで始まる単語をいくら集めても、単なる言葉遊びに終わってしまいます。

トヨタ自動車の工場から世界に広まった「カイゼン」の本質は、現場で働く人たちの自主的な改善意識でした。それを他国や他の業界でも使えるよう体系化したのは、当時、日本の製造業に自国企業が打ちのめされてしまっていた、アメリカの研究者や経営者たちです。彼らの努力により、GEのシックスシグマをはじめとし、不良品率を下げるための方法論がキレイにまとめられ、アメリカの産業界で広く共有されて、ビジネススクールでも教えられるようになりました。

しかしトヨタの工場で実践されていたのは、「歩留まりを高くするためのノウハウ」ではありません。その中心にあったのは、不断に現場を改善していこうというひとりひとりのワーカーたちの意識でした。一方、アメリカの工場に導入されたのは、「こうやって歩留まり率を改善する」というノウハウだったのです。

当時のアメリカの工場は相当にレベルが低かったため、それらのノウハウが導入されると、工場の生産性は劇的に改善しました。しかしそのことにより、アメリカの工場がトヨタの工場と同じレベルになったわけではありません。最初のレベルが低ければ、ノウハウを覚えることである程度まではよくなります。でもそれは、働く人全員が不断にオペレーションを改善しようという意識を持つ工場とは、まったく次元が違うものなのです。

マーケティングも同じです。何も知らなかった人が5Pを学べば、一時的に売上は上がります。でもそれだけでは、マーケット感覚を持つ人のレベルにはとうてい追いつけません。応用も利かないので、新しい事態に直面するたび、学び直しが必要となります。

重要なのはノウハウや知識を覚えることではなく、過去に経験のない場面に遭遇したときにも、自分で判断できる独自の基準や肌感覚を持つことです。本書が勧めるマーケット感覚も、マーケティングの細かいノウハウではありません。それは、市場と向き合う経験から得られる、市場に対する嗅覚や根源的な理解力です。そしてその嗅覚の中心が、本章で説明する「価値を見極める力」なのです。

「価値」を見極める

序章の例題でも、ANAが提供する「価値」を正しく理解することが、市場を把握するための鍵であったように、マーケット感覚の中で最も重要なのは、市場で取引されている価値について正確に見極める力です。

今、アメリカでは、野球などスポーツ番組の放映権が高騰しています。理由は、それ以外のコンテンツの多くが、録画して（もしくはオンデマンドで後から）視聴されるようになったからです。そういった視聴方法では、コマーシャルはスキップされ、消費者に届きません。このため、リアルタイムで見てもらえるスポーツコンテンツの価格だけが、高止まりしているのです。

換言すれば、テレビ市場で評価される価値が、「視聴率のとれるコンテンツ」から「リアルタイム視聴率のとれるコンテンツ」に変化したということです。時を同じくしてアメリカでは、これまでメジャースポーツではなかったサッカーの人気が盛り上がっています。その背景には、リアルタイムで観てもらえるスポーツコンテンツが喉から手が出るほど欲しい、テレビ業界の思惑もあるのでしょう。今後、ワールドカップのアメリカでの放映権や、試合前後のコマーシャル枠の価格がどれほど高騰するのか、注目されるところです。

もちろんサッカーに限らず、今はまだマイナーなスポーツやイベントであっても、リアルタイムで観てもらえるコンテンツの価値は、これからどの国でも大きくなります。そしてそういったチャンスを逃さずモノにするためには、テレビコンテンツ市場で取引される価値の変化を、敏感に嗅ぎ分ける鋭いマーケット感覚が必要なのです。

「テレビを観る人は激減している。もうテレビの時代は終わりだ」と考える人と、「リアルタイムで観てもらえるコンテンツを見つければ（もしくは、今あるコンテンツに、リアルタイムで見てもらえる工夫を加えれば）、さらに高いスポンサー収入が得られるはず！」と考える人——両者の前に広がるテレビ界の未来の姿は、大きく異なっていることでしょう。

テレビだけでなく、ネットの世界でも次々と「新たな価値」が見いだされています。ソーシャルブックマークというサービスは、ネット上のコンテンツに関して、「みんなが意見を言い合う場所に価値がある」ことを顕在化させました。これは、個別のブログエントリやニュース記事に対して、不特定多数の人がコメントを残せる仕組みで、読者は、他者が残したコメントを一覧表で読むことができます。

この「普通の人の気軽なコメント」を集めたページには、時に元ネタとなるブログやニュース以上にアクセスが集まります。「何が起こったか」というニュースそのものより、「その記事に対して他の人はどう感じたのか」をチェックしたり、自分も一言コメントを寄せたりすることのほうが楽しいと（価値があると）判断されているのです。

ニコニコ動画も、この価値をサービス化しました。これまで（おそらく今でも）「この女優も年をとったな」とか、「この人、イメージはクールなのに、しゃべりは三枚目だね」などと、誰に聞かせるでもないコメントを、テレビの前でつぶやいている人はたくさんいましたよね。

テレビの場合、それを聞くのは自分と、せいぜい家族だけです。しかし、「もっとたくさんの人に自分の一言コメントを聞いてほしい。他の人のコメントも聞いてみたい。そこに価値がある」と気がついたドワンゴが、それをサービス化し、今や２００万人の有料会員を抱えるサービスとなりました。日経新聞電子版の有料会員が40万人弱ですから、その人気のスゴさがわかります。

最近はニュース・キュレーションアプリ（さまざまなメディアから注目ニュースをピックアップし、ひとつのスマホアプリの中で読ませるもの）が大人気ですが、ここでも、ニュース自体は誰でも読めるのに、そのニュースに付けられた一言コメントを読むためには、サイトへの登録が必要となっています。アプリの開発者もユーザーも、ニュースよりコメントのほうに価値があると判断しているのでしょう。

通常「市場で取引される価値」という言葉から思い浮かぶのは、食料品や衣料、家電、スマホやパソコンなどのハードな製品と、ホテルやレストラン、もしくは、学校や病院などで得られるサービスですよね。これらは、ずっと昔から市場で取引されてきた「伝統的な価値」です。

ところが今、日本を含め高度に発達した資本主義国では、従来は価値があると認められていなかった（テレビの前の一言コメントのような）ものにも、価値が生まれつつあります。マーケット感覚を鍛えることのメリットは、こういった「非伝統的な価値」についても、「これなら、お金を払ってでも手に入れたいと考える人がきっといる。これは大きな価値だ！」と早々に気がつけることです。

ただし、ここでの「価値」とは「儲かること」と同義ではありません。ネットビジネスではよくマネタイズという言葉が使われますが、これは、無料で提供されている価値が有料化される（課金される）ことを意味します。つまり、価値の創造（認知）と、価値への課金は別の話だということです。

たとえばグーグルのGmailというメールサービスは今のところ無料ですが、その事業に大きな価値があることは明白です。新しいビジネスアイデアについて、すぐに「それでは儲からない」という人がいますが、ここでの「儲からない」とは、たいていの場合、マネタイズが難しいという意味です。ですが私は、マネタイズにはあまりこだわらないほうがよいと思っています。重要なのは儲かるかどうかではなく、「価値があるかどうか」なのです。

マーケティング同様、マネタイズは方法論でありノウハウです。一方、価値を見極めるのは、もっと本質的な能力です。たとえ今は価格付けされていなくても、もしくは、まったく儲かっていなくても、それに価値があるのかどうか、あるとすればどんな価値なのか、誰がその価値を最も高く評価するのか、そういったことが、（最初は論理的にではなくてもいいので）直感的に理解できるようになることが重要なのです。

非伝統的な価値の出現

新たに市場で取引されるようになった非伝統的な価値の一例として、成果は出せなかったけれど、諦めず、必死に頑張る姿で感動を与えてくれたアスリートを、ファンや観客が高く評価するというケースがあります。私はこれを「感動市場」と呼んでいます。

この市場では、感動という価値が取引対象物で、

- **不特定多数の《感動の需要者》たちと**
- **不特定多数の《感動的な演技や行為の供給者》が**

マッチングされ、感動を取引しているのです。

感動を与えてくれるもの（＝感動の供給者）は、アスリートの他、難病を克服した少女であったり、誰も認めてくれない研究を頑固な姿勢で何十年も続けた後、画期的な発見をした研究者であったり、遠いアフリカのサバンナで、ライオンに食べられてしまうキリンの子供だったりします。

これら感動の素《モト》は、たまたま市場に供給されることもあれば、誰か（メディアか、本人か、本人のマネージメントを担当している会社）が、需要者が求める感動秘話や根性物語、もしくは「はかなく切ないストーリー」として巧みに設計し、市場に投入してくる場合もあります。

また、多くの非伝統的な価値については、まだ商品名さえついていない段階から先進的な消費者（需要者）が注目し、事実上の対価を払っています。そしてその価値に名前が付いた段階では、すでに市場は相当に大きくなっているのです。

何年か前から日本でも、コーチングという言葉を、よく聞くようになりました。勉強や禁煙、ダイエットなど、なんらかの成果に向けて努力する人を励ましたり、相談にのった

図15 1人暮らしの高齢者（男性）の会話頻度

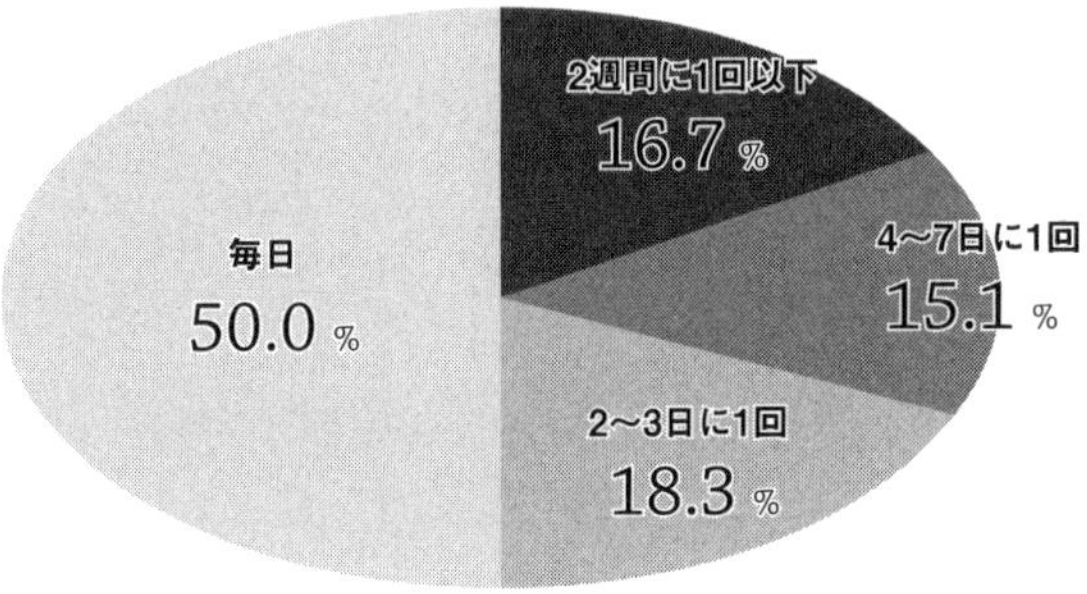

出所；国立社会保障・人口問題研究所「2012年 社会保障・人口問題基本調査」

りすることが価値として認められ、コーチという職業として成立しているのです。

おそらく今後は、友人にも家族にも打ち明けられない悩みを聞いてあげるだけ（何のアドバイスもせずに聞くだけ）といった職業も、出てくるのではないでしょうか。コーチングも、カタカナの職業名が付いた瞬間に、それらしく聞こえ始めました。現時点で職業名が付いていなくても、「それを価値と感じる人」が現れれば、新しい市場が生まれるのです。

他にもこれからは、「話す」とか「笑顔で接する」ことに価値を感じる人も増えるでしょう。日本では1人暮らしの高齢者が急増していますが、そういった人たちの中には、何日にもわたり、誰とも口をきかない人も多いのです（図15）。

学校や職場に毎日通っている人は「毎日、誰かと話をする」ことの価値を、なかなか認識できません。しかし、もし「毎日15分、とりとめのない話をすること」が市場で取引されるようになれば、1人暮らしの高齢者がお金を払って、その価値を購入するかもしれません。

本人が買わなくても、離れて1人で暮らす親のために、そういったサービスを購入してプレゼントする息子や娘がいるかもしれないし、孤独死や認知症の進行を防ぐため、行政がそういったサービスを購入し、無料で地域の高齢者に提供することも考えられます。どこかの学者が、「1日15分誰かと話せば、認知症の進行が遅くなる」と学会発表でもすれば、一気にブームが起こるでしょう。

このように私たちの周りには、市場化されうる価値の素が、無限に存在しています。「自分には何の才能もない」「会社をクビになったら食べていけない」などと嘆く人は、マーケット感覚がないために、自分の身の回りにゴロゴロと転がっている潜在的な価値の素に、気がついていないだけなのです。

ジャパネットたかたは何を売っているのか？

デパートや大型のディスカウントショップ、それにネットショップなどを見ていると、「できるだけ多くの商品を揃えたほうが売れるのではないか？」と思いがちですが、必ずしもそうではありません。反対に、品揃えを絞り込むことで成功している店（小売りチャネル）はたくさんあります。

代表的なものは「ジャパネットたかた」や「通販生活」でしょう。彼らが売る商品は、炊飯器ならコレ、掃除機ならコレと、カテゴリーごとにひとつだけ、もしくは、ハイエンド商品ひとつにローエンド商品ひとつなど、極めて限定的です。家電量販店に行けば、数十種類もの炊飯器や掃除機が並んでいるのに、こういった販売チャネルは、その中からたったひとつの商品を選んで、販売するのです。

彼らがどれほど多くの売上をあげているかは、その商品に「ジャパネットたかたでしか買えない」とか「通販生活のオリジナルモデル」といった商品が多いことからもわかります。一定の売上数量が期待できなければ、メーカーはそんなモデルを製造しません。

世の中には、何十種類もある商品をさまざまな観点ですべて検討し、最後は値段を価格比較サイトで調べ、どこで購入するかを決める、という人もいます。一方、そんな調査は一切せず、ジャパネットたかたが勧める商品をそのまま買うという消費者もいるのです。
ここでちょっと考えてみてください。彼らが売っている「価値」とは、何なのでしょう？
それは本当に「家電」なのでしょうか？

ＡＮＡに関する質問のときと同じように、リアルな現場を頭の中に想像してみましょう。ある日、おじいさんとおばあさんが大学生の孫と一緒に、量販店の情報家電売り場に来ています。ふたりはタブレットが欲しいのですが、まったく商品知識がないため、孫に選んでもらっています。

孫は祖父母に、いろいろと話しかけます。「本や新聞をタブレットで読む？　字の大きさが変えられて便利だよ」孫は、ふたりに店頭見本のタブレットを持たせます。「ずいぶん小さいのね」とおばあさんがつぶやくと、孫は別の棚からちょっと大きめのタブレットを渡して「これくらい大きいのがいい？　重くない？」などといいながら、２人の好みの商品を探っていきます。

せいぜい30分くらいでしょうか。その間、３人の会話にはスペックや通信方式など、難しい話は一切出てきません。最終的に孫は「じゃあ、これがいいと思うよ。バッテリーの持ちもいいし」などといいつつ、ひとつのタブレットを勧め、祖父母は「じゃあそれにしよう」と言って、買い物は終了します。

両者の間には、値段に関する会話もありません。なぜなら孫は、祖父母が自分にくれるお小遣いの額や、日々の生活振りから判断し、彼らの懐具合をよく理解しているからです。孫は、祖父母がエクセルやワードを使わないことも知っているし、祖母は庭の花を熱心に育てているので、写真をとって保存できたら喜ぶだろうとも想像しています。つまり孫は、祖父母のニーズを最初から理解しており、店頭では、残されたいくつかの項目（たとえば、何インチの画面を適切な大きさと感じるかなど）について確認しただけなのです。

そして何より重要なことは、祖父母には孫に対する全幅の信頼があるということです。細かいことはわからないし、店頭には、孫が勧める商品より1万円以上安い商品もある。それでも孫が「これがいいよ」という商品が、自分たちに一番よいはずだ、と彼らは無条件に信じます。

これとまったく同じ関係が、ジャパネットたかたや通販生活と、その購入者の間には成立しています。売る側は、自分たちのターゲット顧客のニーズや懐具合を、最初から把握しています。そして、そのニーズにぴったりの商品をセレクトして、紹介するのです。

一方の購入者側には、「この会社が勧める商品を買えば、けっして損はしないはず」という信頼感があります。たとえその商品より安い商品が他の店で売られていても、気にはなりません。さきほどの祖父母と同じです。この人なら自分にベストな商品を選んでくれるはずだし、他社より高いとしても、それなりの理由があるはずだ、と思えるからです。

私は、ジャパネットたかたが売っているのは「孫のアドバイスという価値」だと思っています。実際の孫は、祖父母の買い物に、毎回つきあってくれたりはしません。自分たちの生活やニーズも、そこまで把握してくれていません。でも「孫のように、全幅の信頼を寄せられる売り手」を求めている消費者は、たくさんいるのです。

同じような価値を売っている売り手は、他にもたくさんいます。糸井重里さんの運営する「ほぼ日」や、カリスマ主婦の栗原はるみさんが勧める料理グッズも同じでしょう。彼らも、ごく限られた数の商品を取り上げ、その特徴や使い方、さらには、顧客がなぜその商品を選ぶべきなのか、詳細に説明します。

ここで重要なのは、その説明の合理性ではありません。説明を聞く前から、顧客側が「この人は、私が信じられる人だ」「この人は、自分に合う商品を理解してくれている」と感じていることが重要なのです。

「選んでもらう」という価値

世の中には「自分で選ぶのが大好き」な人と、「選ぶのは面倒。誰かに選んでほしい」という人がいます。同じモノを買うときでも、両者が求める価値はまったく異なっています。前者は比較サイトやレビュー情報に価値を感じ、後者は「選んでくれる人」に価値を感じるのです。特に、多すぎるほどのモノやサービスが溢れている先進的な消費大国においては、「誰かに選んでもらうという価値」は、今後ますます重要になります。

昔から、洋服や雑貨を売る小売店の中には「セレクトショップ」と呼ばれる店が存在していました。通常のブティックは、シャネルやユニクロなど、ひとつのブランドの洋服だけを販売します（デパートやモールには多数のブランドがありますが、あれは、独立したブランド店が同じフロアに並んでいるだけです）。

一方セレクトショップは、あらゆるブランドのなかから、自分たちがよいと思った商品を選んで販売します。なので洋服だけでなく、靴やカバン、スカーフやアクセサリー、財布や時計など、さまざまな商品を売っているし、商品のブランドもバラバラです。しかも、扱っている商品数はごく限られています。

こういったセレクトショップを訪れる客は、お店の選球眼や、商品の選択センスを気に入っています。「この店のバイヤーが選んだものなら、私が気に入る商品が見つかるはずだ」と考えているのです。

ここでも、店側が売っているのは商品ではありません。売られているのは、「商品選択のセンスと、そのセンスに合った商品を揃える手間」です。セレクトショップの顧客は「自分の価値観に合ったものを選んでもらうという価値」に、お金を払っているのです。

これから重要になるのは、「自分は何を売っているのか」「何を買っているのか」について、意識的になることです。糸井重里さんや栗原はるみさんは、自分が売っているのが手帳やフライパンだなどとは思ってもいないでしょう。売っているのは、モノを選ぶときの価値観やセンスであり、毎回の販売を通じて獲得した（孫が祖父母にそう思われているのと同じレベルの）購入者からの信頼感です。それがわかっているから、彼らは成功しているのです。

私も、鍋やサングラスからパジャマまで、自分の愛用品を紹介する「ちきりんセレクト」（http://d.hatena.ne.jp/Chikirin+shop/）というブログサイトを運営しています。このサイトを始めたきっかけは、数年前、愛用の電気膝掛けをブログで紹介した際、一冬で数千枚も売れたことでした。

私には家電製品の専門知識もないし、おしゃれなモノを選ぶセンスもありません。ただし商品の機能には強いこだわりがあるので、「とにかく使いやすい！」というモノばかり買っています。そのひとつである電気膝掛けが他の人にも人気だったのを見て、「機能にトコトンこだわって商品を選ぶ」という私の選択基準に、価値があると気づいたのです。私がこのサイトで売っているのも個別の商品ではなく、「ちきりんに、機能重視の選択基準で商品を選んでもらう」という価値なのです。

人工知能で「目利き力」が売れる時代へ

「誰かに選んでもらうことの価値」の大きさは、商品によって違いがあります。商品数が多すぎるうえ、価値のばらつきが大きく、適切なモノを選ぶことが極めて難しい書籍は、選んでもらう価値が非常に大きな商品です。

たとえば、不妊治療に関する本は山ほどあり、関連本を集めたサイトもあるのですが、治療を始めるかどうかを決める段階で読むべき本はコレ、治療を始めてから読むべき本がコレ、治療に迷いが生じたときに読むべき本はコレとコレで、治療を止めようか、と迷い始めたらコレを読みましょうというふうに、ステージごとに整理されたお勧め本リストは、今のところ存在しません。

こういったリストは、不妊治療の経験のない人には作れません。有名な評論家や書評家だからできるという仕事ではないのです。しかも不妊治療の専門医や、不妊治療を経験した人なら誰でも作れるかというと、そうでもありません。

必要なのは、知名度でも高度な読解力でも専門知識でもなく、「不妊治療のステージ別必読本リスト」を作れば、きっと多くの人にとって価値があるだろうと気がつくマーケット感覚であり、それぞれの段階にいる人が何に悩み、どんな価値を求めているのか、正しく理解する力（マーケット感覚）なのです。

他にも、転職すべきかどうか迷ったときに読む本、転職の後、転職に失敗したと感じたときに読む本、定年が近づいてきたら読む本など、いくらでも独自の視点で「読者のために、適切な本を選んであげる価値」は提供できます。

北海道の砂川市にある〝いわた書店〟という小さな本屋さんが、「あなたに合う本を1万円分、選んでお送りします！」というサービスを始めたところ、全国から注文が殺到したそうですが、いまや本屋は、本なんて売っていても儲からない時代なのです。書店は、本ではなく、「本を選んであげること」を商品にしたほうがいい。そう気がつくマーケッ

図16 「本」より「本を選ぶセンス」が売れる時代

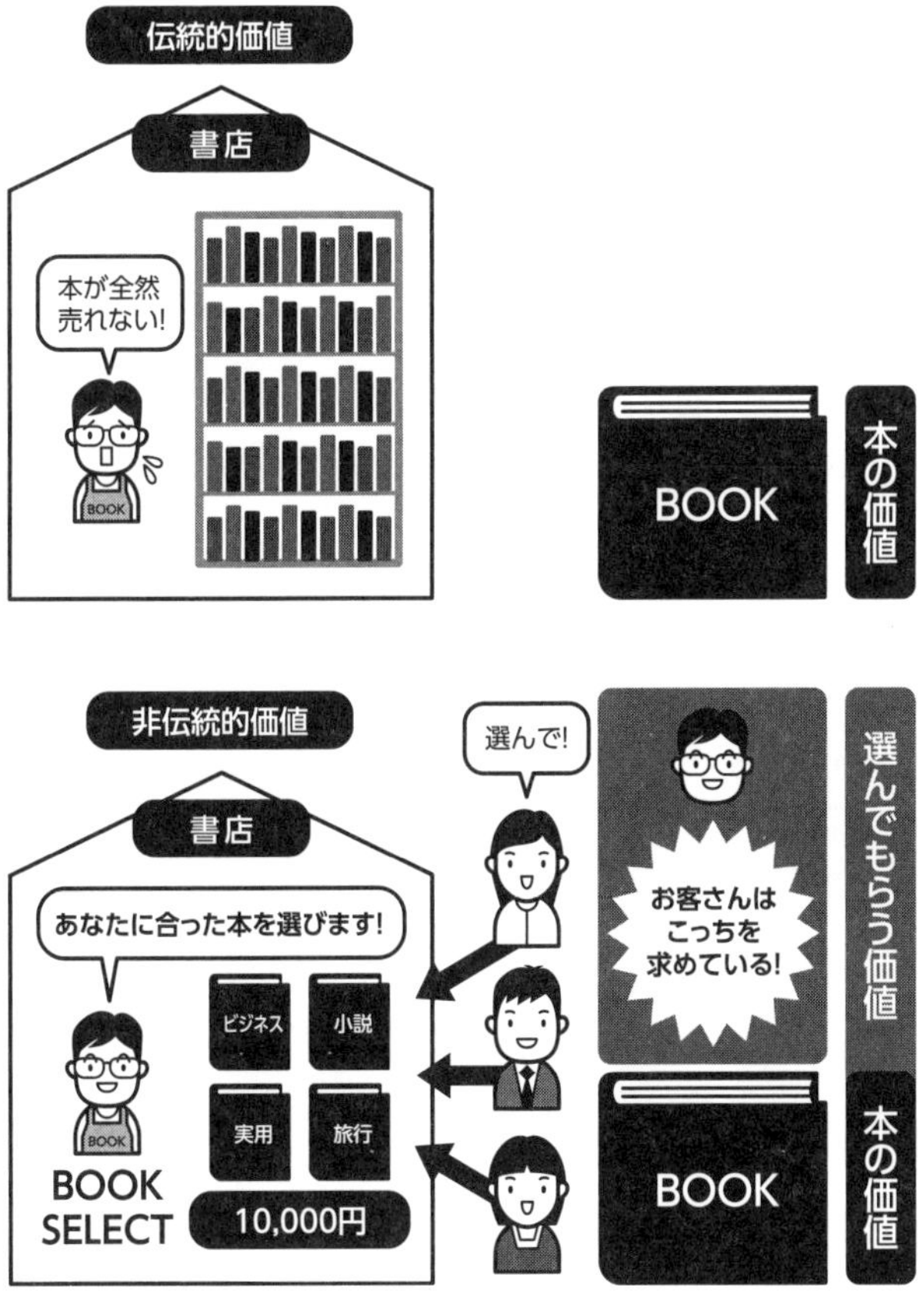

ト感覚があれば、地方の小さな書店も生き残ることができるという好例です（図16）。

そんなことを言われても、「自分が勧める本なんて誰も買わないよ」と思うかもしれませんが、本は千冊も売れたら、その辺の大型書店より売る力があると言えるほど好みが細分化している商品です（＝「ハリーポッター」のようなメガベストセラーを除き、ひとつの本を千冊も売る書店はほとんどありません）。日本全体で、あなたの勧める本に千人のニーズがあれば、あなたは一流の本の目利きと呼ばれるのです。

また、書籍は読み手の好みもバラバラなので、供給側（選んであげる側）も、誰か1人の推薦者が一人勝ちすることはできません。私がいくら本を勧めるのが巧くても、日本中の人が、「ちきりん」と同じ本の好みを持っているなどということは、ありえないのです。だからこういった市場では、複数の、多様な推薦者が成功できます。すごく変わった趣味の人でも、日本中に同じ趣味の人が千人いれば、それでいいのです。

洋服も書籍同様、商品数がものすごく多く、人の好みも多彩で、「選んでもらう」価値が大きな商品です。このため個人の買い物に同行し、似合う洋服やアクセサリーを一緒に買い揃えてくれる、個人向けのファッションアドバイザー（パーソナルスタイリスト）という職業があります。

顧客は、「自分だけのために洋服を選んでもらう価値」に加え、アドバイザーに買い物にも同行してもらうことで、自分に向く洋服を多く揃える店を発見することができ、試着時にチェックすべきポイントまで学ぶことができます。

最近は人工知能を活用し、おしゃれな人の洋服のセンスを購入できる（参考にできる）アプリも出てきています。カラフル・ボードという会社が開発したスマホ向けのファンションレコメンドアプリ「ＳＥＮＳＹ《センシィ》」は、人工知能によってユーザーの好みを分析し、ネット上で売られている洋服から、ユーザー好みの商品を探してきてくれます。

このアプリでは、スマホ画面に次々と現れる洋服を好きか嫌いに（指先で）振り分けていくだけで、人工知能プログラムが自分の好みを理解してくれるのですが、私のようにファッションセンスのない人は、自分の好みを人工知能に覚えさせるより、センスのいい人に訓練された人工知能プログラムに、洋服を勧めてもらえたほうがよいですよね。

ＳＥＮＳＹでも、有名モデルやスタイリストの嗜好を覚えさせたプログラムを作っていますが、それを利用すれば、誰でも「あの素敵な人」のセンスで洋服が選べるのです。

これをもっと進めれば、一般の女子大生や会社員、主婦でも「自分のファッションセンス」を売ることができるようになります。若い女性だけではありません。オシャレな50代、

60代の女性の洋服センスを真似したい、その人のセンスで選ばれた洋服を買いたいと考える同年代の女性や、かっこいい〝ちょい悪オヤジ〟の洋服センスを真似したいと考える中高年の男性もいるはずです。つまり、「スタイルのよいハイセンスな若い女性」以外のファッションセンスにだって、市場で売れる価値は十分にあるのです。

このように人工知能を利用すれば、あらゆる商品に関する「目利き力」を販売することが可能になります。スマホ画面に次々と現れる骨董品を、古美術商の人に「ホンモノ」「ニセモノ」と振り分けてもらい、その選球眼を人工知能プログラムに教え込むことができれば、そのアプリを利用して、素人でも骨董品の買い物が楽しめるようになります。

骨董品屋で気に入った壺や皿を見つけたら、スマホにそれを写すだけで、ベテラン古美術商のセンスによって鍛えられた人工知能プログラムが、ホンモノである確率を判定してくれる、そんなふうになったらとても便利ですよね。

こうして、今までは本人やその知り合いしか利用できなかったあらゆる分野の目利き力が、市場で取引される時代になるかもしれないのです（図17）。

図17 「選ぶセンス」も相対取引から市場型取引へ

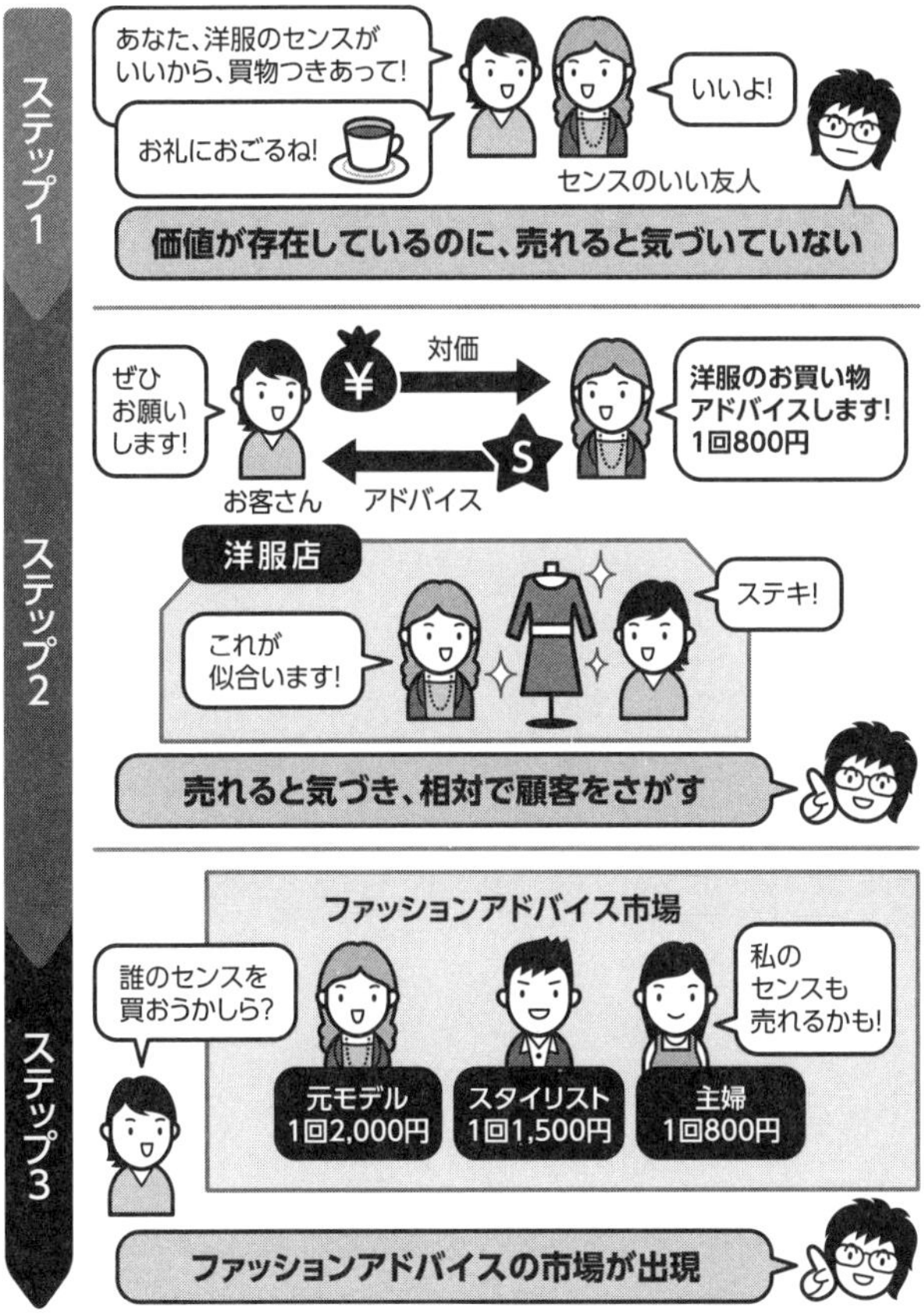
ステップ1
あなた、洋服のセンスがいいから、買物つきあって!
お礼におごるね!
いいよ!
センスのいい友人
価値が存在しているのに、売れると気づいていない
ステップ2
ぜひお願いします!
対価
洋服のお買い物アドバイスします!1回800円
お客さん
アドバイス
洋服店
これが似合います!
ステキ!
売れると気づき、相対で顧客をさがす
ステップ3
ファッションアドバイス市場
誰のセンスを買おうかしら?
私のセンスも売れるかも!
元モデル 1回2,000円
スタイリスト 1回1,500円
主婦 1回800円
ファッションアドバイスの市場が出現

普通の人も「売れる価値」を持っている！

そういった非伝統的な価値が取引される市場では、ごく普通の人でも価値の供給者になれます。これは、工業製品や農産物のように、プロの作り手でなければ提供できない価値が大半であった＝伝統的な価値だけが取引されていた、以前の消費社会とは大きく異なります。

数年前、「どんな不満でも買い取ります！」というビジネスを始めた不満買取センターという会社は、「レストランのテーブルが小さくて不満」「折りたたみ傘を入れるビニールに、傘が入れにくくて不満」などといった不満を、ひとつ10円で買い取ってくれます。購入された不満は整理分類され、興味がある企業にひとつ5円で販売されます。

買った値段より安く売っても儲かるのは、10円で買った不満を、複数の顧客に売ることができるからです。不満を購入するのは、レストランやホテルやお土産屋などの企業や小売店で、その情報を自社の業務改善や商品開発に活かします。自分の店に対する不満でなくても、同じ業態に対する消費者の不満はとても参考になるし、1万件の不満を買っても5万円ですから、大規模な消費者調査とは比べものにならないくらい格安です。

この事例は、ごく普通の人が何を考えているのか、どう感じるのか、という情報にも、大きな価値があることを示しています。これまでも、主婦向けの商品を製造する大メーカーは「普通の主婦」の感覚を理解するため、多大な手間とコストをかけて主婦感覚を調査してきました。その一方で「長く専業主婦しかやってないので、私には売れるスキルなんて何もない」と言う人がたくさんいたのです。

不満買取センターは、そういった企業と主婦をつなぐビジネスを始めたわけで、それにより、大規模な調査を行なう費用が出せない小さな小売店やレストランでも、擬似的な市場調査を行なうことが可能になりました。普通の消費者が持つ小さな不満にも価値があると気づくことさえできれば、それがビジネスになるのです。

カリスマ収納アドバイザーや、お掃除マイスターといった有名人が、普通の主婦の中から生まれるのも同じ理由です。彼女らが巨大な市場をモノにできたのは、彼女らと同じ立場の主婦が日本中に何百万人もいるからです。

突出した経済力やインテリアセンスのある人が、「このスウェーデン製のシステム家具（130万円）を利用すれば、あっという間にクローゼットが片付きます」と言っても、多くの人の共感を得ることはできないでしょう。世の中で最も多いのは「普通の人」であり、一番大きな市場は「普通の人をターゲットにした市場」です。だから、自分が「普通であること」の価値を、過小評価する必要はまったくないのです。

さらに、自分のセンスや才能にかかわらず、たまたま住んでいた立地のおかげで、市場化できる価値を生み出せる人もいます。

都会に住む地方出身者の中には、両親が亡くなった後、地元にある墓の管理に困る人が増えています。年に一度、家族でお参りするだけでも多額の交通費がかかります。最近は墓を都会に移す人もいますが、都市近郊のお墓は高額だし、先祖代々の墓を移転するのは、手間も費用もかかる一大イベントです。

そんななか、お彼岸など年に数回、墓の草むしりや掃除をし、花を手向けて、前後の写真付きで状況を報告してくれる「お墓参りの代行業者」が現れています。いい商売だとは思いますが、こんなビジネスをわざわざ墓地の近くに引っ越して（もしくは事務所を借りて）始めていては儲かりません。

この事業が最も向いているのは、「自宅の近くに大規模な墓地がある」という地方在住者です。「このあたりにはなんの仕事もない。工場が撤退することになって失業したけど、車で10分ほどのところに大きな墓地がある！」という人が、とても有利に始められる事業なのです。

長男が墓と親のために地元にとどまるのが常識だった時代には、こんなサービスに価値を感じる人は存在しませんでした。生活慣習と家族観の変化とともに、新しい価値が生まれ、新しい市場が立ち上がったのです。しかもこの事業に必要なのは、その価値に気づくためのマーケット感覚と、たまたま自分の住んでいる地域に大きな墓地があるという立地条件だけです（信心深ければなお可!?）。

他にも、片付けが苦手な人向けに、整理整頓や不要品の仕分けを手伝う有料サービスも始まっています。以前は、汚部屋《おへや》（ゴミ屋敷のような部屋）のゴミを捨ててくれるサービスしかなかったのですが、今は部屋の主と数時間かけて、要るモノと要らないモノを仕分ける作業自体を一緒にやってくれるサービスが登場しています。

「誰かが自分の代わりにゴミを捨ててくれる価値」ではなく、「一緒に不要品の選別をしてくれる価値」が存在すると気がついた人がいたのでしょう。この市場では、「部屋を片付けてくれる人」ではなく、「部屋を片付けたいのになかなかできない自分の背中を押してくれる人」が求められているのです。

こうなってくると、特別な能力やスキルなど（ましてや学歴や資格など）まったく関係ありません。自分の周りに、何か市場で求められている価値の素がないかと探し、それに気がつけるかどうか。まさにマーケット感覚が問われているのです。

「日本の消費市場」には国際競争力がある

墓参り代行サービスでは、大きな墓地のそばに住んでいるという立地が大事だと書きましたが、立地が持つ価値という話でいえば、日本の消費市場が持つ大きな価値にも、もっと注目すべきでしょう。日本の強みというと、技術力や勤勉さ、規律の高さを挙げる人が多いのですが、日本は消費市場にも大きな価値があります。というのも、日本の消費者は要求水準が非常に高いため、その市場が、テストマーケティングやブランドの信用補強にとても役立つのです。

海外のメーカーの中には「日本で売れれば、自信をもって世界で売れる」と考えている企業もあり、「日本で売れた」は、一昔前の「全米が泣いた！」といった映画のコピーと同様、「あの厳しい水準の市場で通用した」というクレジット（信用力）として通用します。日本の消費市場は、その目利き力によって、高く評価されているのです（図18）。

日本の製造業はよく「Made in Japan」を売りにしようとしますが、それと同等以上に「Used in Japan」「Accepted in Japan」「Best seller in Japan」には価値があります。ところが日本のメーカーは、「日本製」には強いこだわりがあっても、「日本で売れている」ことに価値があるとは、まだ気がついていません。むしろ欧州やアジアのメーカーなど海

図18 「作った場所」「売れた場所」が持つ価値

外企業のほうが、「日本市場で売れたことの価値」を理解し、それを海外でのビジネスに利用しています。これも、マーケット感覚の鋭さの違いなのでしょう。

そういえば台湾の女の子は、日本の中古品は偽物が少ないと言って、わざわざ日本の質屋で中古のブランドバッグを買うといわれています。ご存じのように中華文化圏では、ブランドもののコピー商品が数多く出回っているのに対し、日本では中古品ショップでさえ、偽物が厳しく排除されています。このため「中古のブランド品市場」として、日本の市場はアジアの市場より圧倒的に競争力が高いのです。

日本の中古ショップ業界は、中古品市場の倫理観と目利き力がグローバルな競争力を持っていることを利用し、東南アジアからの観光客に向けて「日本の中古ショップには偽物がありません。日本で安いブランド品をゲットしよう！」「シャネルの新品を買いたいならパリへ、中古品でよいものを手に入れたいならトーキョーへ！」といったキャンペーンを打てばよいのです。

モノ以外でも、日本ではみんな普通にやっているけれど、世界から見れば、驚くほどレベルが高い、ということはたくさんあります。YouTubeで日本人女性がメイクアップ（化粧）の方法を紹介する動画が海外の女の子からも人気なのは、日本人女性のお化粧スキル自体が、極めて高いレベルにあるからです。

同じくキャラ弁の作り方を紹介する動画も世界中から驚嘆されていますが、あんなスゴイお弁当でなくても、日本人の普通のお母さんが作るお弁当は、世界でトップクラスのクオリティです。アメリカやイギリスでは、パンを切ってピーナツバターを塗っただけのサンドイッチを子供に持たせるのは、手抜きでもなんでもなく、ごく普通のことです。日本のお母さんが日常的に作っているサンドイッチを紹介するだけでも、世界の人はびっくりすることでしょう。

その他、秘書もファストフード店のアルバイトも、日本はスキルが高すぎるくらい高いです。そういった人たちにマーケット感覚があれば、日本ではごく当たり前の自分のスキルや経験が、世界ではものすごく高く売れるのだと気がつくはずです。

スーパーマーケットやファミレスで働く人たちは、自分たちより、大銀行に勤める人のほうが有能だと思っているかもしれません。しかしグローバル金融の世界において、日本のメガバンクに勤めていることは、決して優秀とは見做されていません。一方、日本のスーパーのレジスキルやファミレスの接客スキルは、どこの国の人たちと比べても圧倒的にスゴイのです。

日本のファミレスでのバイトが普通にこなせる人であれば（語学やビザの問題を除けば）、誰でも明日から、欧米やアジアのカジュアルレストランでフロアマネージャーが務まります。そういう人はみんな「グローバルに通用するスキル」を持っているのです。

マーケット感覚が鋭くなれば、銀行員として働く優等生だった昔の同級生より、コンビニでバイトをしている自分のほうが、よほど世界で売れる経験とスキルを蓄積しているとわかるはずです。学生時代にせっかく世界で通用するコンビニでバイトをしていたのに、わざわざそれを辞め、世界のトップから相手にされていない金融機関に就職するなんて、まったくもってマーケット感覚に欠ける判断だと言わざるをえません。

「市場創造」が世界を豊かにする

ごく身近にある価値の発見は、個人が稼ぐ力の源になるだけではなく、社会を豊かにする原動力でもあります。不妊治療に悩む人に役立つ本を整理して紹介することや、自分のセンスが好きだと言う人のために、洋服を選んであげること、なかなか故郷に帰れない人たちのために、お墓の手入れを代わってあげる——どれもこれも、困っている人に大きな価値を提供するすばらしい行為です。

図19 高校の部活が巨額の経済価値を生む市場へ

しかもこうした価値の創造は、時には驚くほど大きな市場を創り出します。その一例が、春と夏に甲子園で行なわれる高校野球です。あれは元々、単なる高校生の部活動の全国大会です。テニス部にも演劇部にも合唱部にも、高校の全国大会はあります。でも高校野球に関連して動くお金の額は、文字通り桁違いです。

テニスなど他のスポーツにもプロはいますが、高校のテニス部の全国大会が、これほどの経済価値を生むことはありません。演劇部にも役者というプロの世界がありますが、だからといって高校演劇部の全国大会が、ここまで注目されるなんてありえないですよね（図19）。

高校の部活の全国大会が、「高校野球」というスポーツエンターテイメントのコンテンツに変わることで、応援団や選手らが泊まる宿と交通費、球場で消費される膨大な飲食費、応援に使われるグッズの製造販売費用など、巨額の経済価値が生み出されました。

こんなことが起こったのは、誰かが高校野球の中に、プロ野球には見られない潜在的な価値を見いだしたからです。ではその価値とは、いったいどんな価値なのでしょう？　答えを読む前に、数分でいいので、自分のアタマで考えてみてください。プロ野球にはない、高校野球の提供価値とは何でしょう？

？？？？？

皆さんは、高校野球が行なわれている期間にプロ野球の試合を見て、選手がダラダラしていると感じたことはないでしょうか？　プロは「アウトだとわかっていても、ヘッドスライディングをする」みたいな無駄なことはしません。回が変わるたびに、全力疾走でポジションについたりもしません。そんなところで体力を消耗しても意味がないからです。

プロスポーツの市場で取引されているのは（＝観客が求めているのは）、「思わず感嘆してしまうほど高いレベルの技や、手に汗握るパフォーマンス」という価値ですが、高校野球では「全力で戦ったにもかかわらず、時の運で勝ったり負けたりする理不尽さや、技術レベルが低くても、気合いと根性でカバーしようとする若者たちの物語」が取引されています。つまりプロ野球と高校野球では、観客に提供されている価値が異なるのです。

しかも、高校生のひたむきなプレイに価値があるとわかっても、そんなものをプロ野球選手に求めることはできません。投手が毎日連投するといった無茶なローテーションや、無駄になることがわかっているヘッドスライディングといった非合理なプレイをしていては、何年も活躍しなければならないプロ選手は体がもちません。

でも、3年間しか大会のない高校生ならそれが可能です。プロの技ではなく、必死で（しかも夏の甲子園では炎天下に！）汗だくでプレイする姿、実力では勝っていても、たったひとつのエラーですべてが終わってしまうというトーナメント戦の理不尽さが、プロ野球には提供できない価値を作り出しているのです。

したがって、もしも高校の演劇部の全国大会が、エンターテイメントコンテンツとして価値を提供したいと考えるなら、「高校生としては巧いけど、プロよりは下手な演技」ではなく、「プロの演劇を観に行っても得られない何らか別の価値」を提供する必要があるのです。

そして、この点に注目して成功したのが、秋元康氏がプロデュースするＡＫＢ48です。歌や踊りのレベルが高くなくても、ひたむきに頑張る姿を見せることに価値があるのは、甲子園児だけでなく芸能人でも同じだと見抜いたのは、秋元氏の慧眼《けいがん》でしょう。

Ｂ1グランプリというご当地グルメの大会も、またたく間に大きな市場に育ちました。２００６年に青森県八戸市で初めて開催されたときの出店数は10店に過ぎず、来場者総数も1万7千人。しかもこのときは、せんべい汁で八戸の町興しをしようというローカルイベントだったのです。

ところがその後、B1グランプリは急速に人気化します。6年後の2012年には、61万人が訪れるイベントとなり、過疎地の町興しどころか、相当規模の都市でないと運営できないほどの大イベントとなりました。

数日で60万人が集まるとなれば、交通機関、宿泊施設、近隣の観光地や飲食店、土産物屋などにも、大きな経済効果が生まれます。グランプリをとった商品には全国からお取り寄せの注文が入り、現地への観光客も増え、レトルト化されて市販される商品も出ています。

世界レベルでいえば、ユネスコの「世界遺産認定」も巨大な市場を創造しました。多くの人が世界遺産を目指し、地球の裏側まで旅行に出かけます。世界遺産を特集した本や写真集も大人気です。

日本で初めて世界文化遺産に選ばれたのは法隆寺と姫路城（いずれも1993年12月）ですが、どちらも世界遺産の認定を受ける前後で、そのすばらしさや歴史的な価値が変わったわけではありません。マチュピチュ遺跡であれ、タージ・マハルであれ、世界遺産であろうとなかろうと、その歴史的価値は同じです。それでも、「世界遺産」というラベルを貼るだけで、観光客が急増します。

世界遺産を認定しているユネスコにとって、この制度は価値ある歴史遺産や、自然環境の保全が目的です。つまり本来は、観光のための制度ではないのです。むしろ世界遺産に認定されると、オリジナルの環境を保全するため開発に制限が加えられ、観光地化に必要な開発工事が難しくなります。

にもかかわらず、多くの都市が世界遺産の認定を得ようと必死になるのは、「世界遺産を見に行くための旅行市場」がグローバルに確立されているからです。つまり、この市場で提供（取引）されている価値は「ユネスコが世界遺産として認定したものを見に行く体験」であって、「歴史的に価値のある建造物を見に行く体験」ではないのです。

同じことは文化財の国宝指定や重要文化財指定にもいえます。制度の本来の目的は観光促進ではないでしょうが、国宝が存在すれば、それだけで団体旅行の行き先になれるのです。地方を訪れる観光客を増やしたいなら、こういうラベルを利用しない手はないでしょう。

これらの例からわかることは、もともと存在していたモノの中に、新たな価値が見いだされ、巨大な市場になったものがたくさんあるということです。それらを市場として大きく育てたのは、最初にモノや制度を作った人ではありません。途中で、その潜在的な価値に気づいた人なのです。

そしてこの「潜在的な価値に気づく能力」こそがマーケット感覚です。高校の部活の全国大会や、小さな村興しのイベントを目にした、マーケット感覚に溢れた誰かがその価値に気づき、市場化をしかけて、これだけ大きな存在に成長させたのです。

既存の市場を取り合う競争では、勝つ人がいればその分を負ける人がいるというゼロサム（合計がゼロの）ゲームにしかなりませんが、新たな価値を見いだすことができれば、新たな市場、そして大きな経済価値が生まれます。まだ取引されていない潜在的な価値に気がつき、市場化する――多くの人がマーケット感覚を持つことで、個人はもちろん、世の中もどんどん豊かになっていくのです。

第5章

マーケット感覚を鍛える5つの方法

ここまでのところで、マーケット感覚の重要性は十分に伝わったことと思います。そこで本章では、マーケット感覚を身につけるために有効な5つの方法について、ひとつずつ詳しく説明していきます。

その1 プライシング能力を身につける

まずは、まだ市場で取引されておらず、値札もついていない「潜在的な価値」に気づくための、自分独自の価値基準を手に入れましょう。

身の回りに存在する、まだ商品化されていない「何か」について、独自の基準を持って、「これには、ものすごく大きな価値がある」「これには、せいぜいこの程度の価値しかない」と言えるようにならないと、マーケット感覚が身についたとは言えません。

しかもその「何か」は、ダイヤモンドや自動車のようなわかりやすい価値ではありません。そういった伝統的な価値にはすでに値札がついており、誰でも「市場で売れる価値がある」とわかります。そうではなく、これから必要になるのは「感動させてくれる」「選んでくれる」といった、非伝統的な価値にも気づくことのできる能力です。

では、「価値を判断するための自分独自の基準」は、どうやって身につければいいのでしょう？　一番よい方法は、すでに値札つきで売られているものについても、自分の基準に基づき、プライシング（値付け）をしてみることです。

日本では、プライシングは売り手側の行為であり、買い手には関係がないと思っている人がいます。というのも、今の日本ではほぼすべてのモノが、売り手の決めた価格のまま取引されており、消費者が自分で値付けをする必要がほとんどないからです。

ご存じのように、多くの途上国の市場では、大半の商品に値札がついていません。しかも売り手は、買い手の顔をみて価格を変えてきます。こういった国では、買い手側にも「自分の基準で、妥当な価格を判断する」というプライシング能力が求められます。

昔は日本の消費者も、プライシング能力を求められました。みんな市場で価格交渉をしながら食料や日用品を買っていたし、戦中戦後には、統制価格という値札がついていても、闇市場で「自分が妥当だと思う値段」を払って、食料を調達していたのです。

そういえば、１９８６年に私が訪れた崩壊直前のソビエト連邦でも、正規の店の棚はガラガラなのに、外貨市場なら（ドル、もしくは多額のルーブルが必要ですが）何でも手に入りました。モノがないといっても、物理的な意味で物資不足だったわけではないのです。

そこでは単に統制価格が、売り手や買い手が妥当と考える価値と乖離してしまったため、公の市場から商品が逃げ出し、別の市場を形成していただけです。つまり共産主義経済下で暮らしていた当時のソビエト連邦の人たちも、自分なりの価値基準とプライシング能力を持っていたというわけです。

ところが今の日本では、消費者がプライシングを求められるのは、骨董品屋くらいです。このため多くの日本人には、プライシングの経験が決定的に不足しています。

たしかに、私たちが日々コンビニやスーパーで購入する商品の数を考えれば、日本のような国で、商品ひとつずつの価格交渉をするなんてありえません。一物一価は、高度な消費社会を支える極めて合理的なシステムです。

けれど、あまりにもこのシステムに慣れてしまうと、「自分の基準で、妥当と思える価格を付ける＝プライシングする」という経験が得られず、自分独自の価値基準が形成できないままになってしまうのです。

「値札」や「相場」は他者の判断結果

自分独自の判断基準を持たない人は、他者が設定した値段によって、商品やサービスの価値を判断するしかありません。コンビニでの買い物ならそれでもいいでしょうが、不動産や教育サービスといった、高額商品までそれでは問題です。

ちなみに正価20万円のブランドバッグの偽物は、２万円で売るより10万円で売るほうが、ホンモノだとだましやすいと言われます。バイアグラの偽物も、ある程度、高くしないとまったく売れないそうです。これらも、値札を見て価値を判断する人が多いからでしょう。

日本人は、お刺身などの生鮮食品についても、値札で価値を判断する傾向があります。鮮魚の値段は多くの場合、供給数（直近の水揚げ量）に左右されるので、高いほうが美味しいわけではありません。むしろ豊漁の魚のほうが、安くて旨いことも多いのです。

それでも多くの人が「高い刺身のほうが、質がいいに違いない。美味しいに違いない」と考えます。わざわざスーパーの閉店時間直前、生鮮品が値引きされる時間を狙って買い物に行き、最初から６００円の値札が付いている刺身ではなく、９００円の刺身を（割引後の）６００円で買おうとする人までいます。

余談ですが、外資系スーパーの経営者はこの感覚が理解できず、「生鮮食品についても、他店より安いモノを揃えれば競合店に勝てるはず」と考え、「エブリデイロープライス！」などと言いがちです。しかし、いつ行っても安い刺身しか売っていない店は、日本では消費者に選ばれません。「安い刺身は質や味がよくないはず」と思われてしまうからです。

トイレットペーパーや洗剤なら1円でも安く買おうとするのに、刺身など一部の生鮮品については、あえて高いものを選ぶ日本の消費者感覚が理解できないことは、外資系スーパーが日本市場で成功できないひとつの理由かもしれません。

「値札」に加え、「相場」という言葉に弱いのも、自分の価値基準を持たない人の特徴です。相場とは金融市場のことではなく、「妥当な価格の範囲」という意味です。値段がまったくわからないモノを買うとき、「だいたいの相場はどれくらい？」と聞きますよね。あの「相場」です。

たとえば不動産を買うとき、「このマンションは4千万円です。相場より2割も安いんです。お買い得ですよ！」と言われると、「そんなものか」と納得する人がいます。「相場」なら、もしくは「相場より安いなら」、妥当な値段だと感じるのでしょう。

でも本当に大事なのは、自分の価値基準に照らして、「この部屋は、本当に自分にとって4千万円の価値があるのか？」と考えることです。

「自分は、その4千万円を稼ぐのに、何年間、働く必要があるのか？　自分の人生の時間のうち、それだけの期間を割いても、手に入れたい物件なのか？　子供たちがこの家に住むのはあと何年間で、1年分のコストはいくらなのか？　3千万円の物件に比べて、この4千万円の物件が自分や自分の家族に（追加的に）与えてくれる価値とは何なのか？　その価値は、差額の1千万円を払ってでも手に入れたいものなのか？」などと考えて、初めてその値段が、自分にとって妥当かどうか判断できるのです。

だから不動産業界に勤める友人に、「この物件は割高？　それともお得な物件かな？」などと相談しても、意味はありません。そんなコトを他人に聞いても、わかるのは「相場」だけです。自分にとっての価値は、他者には判断できません（図20）。

相場というのは、「みんなが払っている値段」ですから、「相場の範囲で買えれば満足」というのは、「皆と一緒の値段で買えるなら、それでいい」という意味です。しかし世の中には、相場的には割高でも、自分にはそれだけの価値がある、というモノもあれば、相場からみれば格安でも、自分には不要という物もあります。それなのに「相場の価格」にこだわっていたら、本当に欲しいモノは手に入らず、反対に、たいして欲しくもないモノを高い値段で買ってしまうことにもなりかねません。

つまり、モノやサービスの価値（もしくは、妥当な価格）は、買い手によって異なるのです。スマホにかかる月に1万円の通信料は、朝から晩までフルに機能を使いこなす若者

図20　独自の判断基準を持つコトが大事

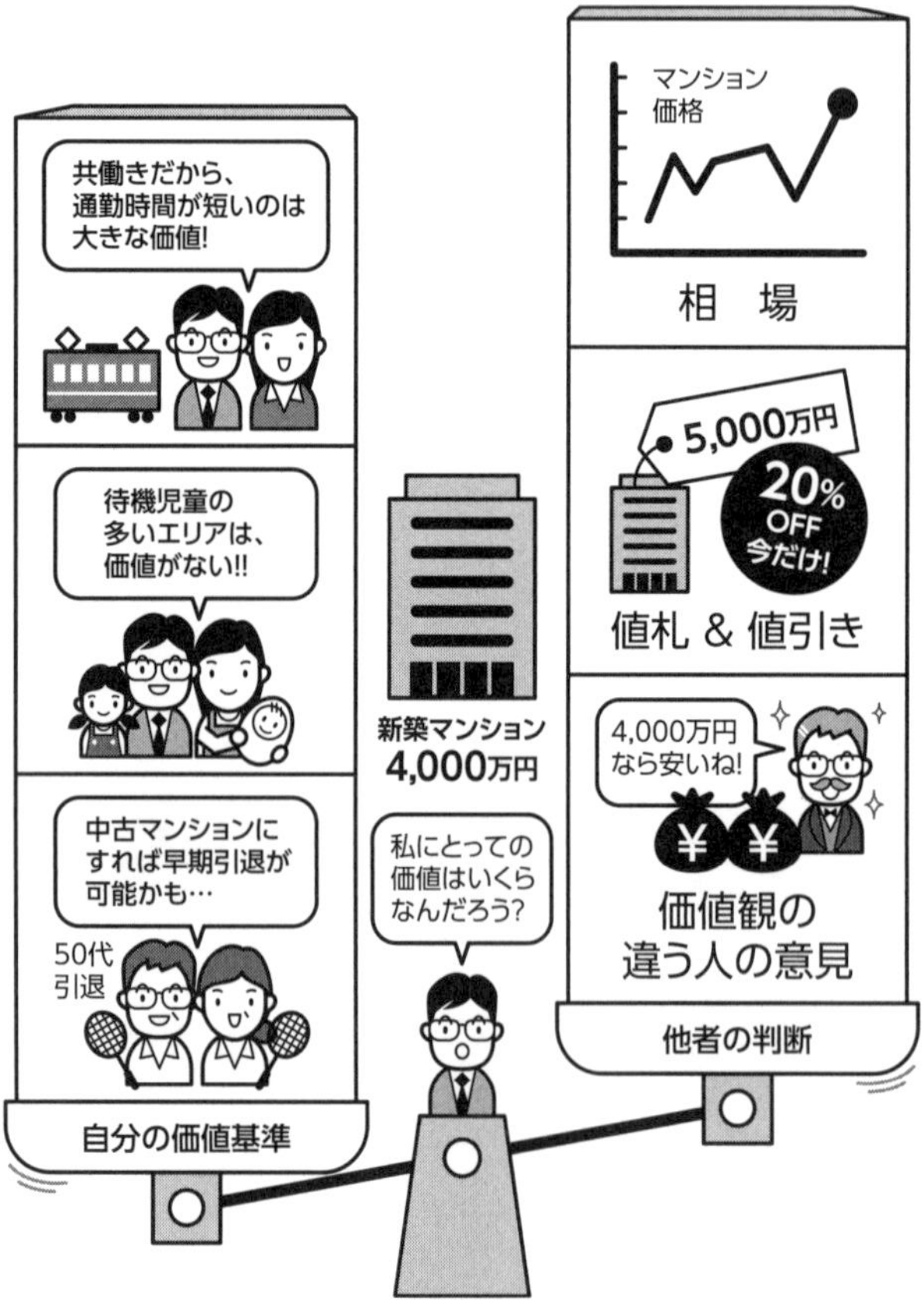

には許容できる料金かもしれません。しかし、1日の大半はテレビを見ていて、時々電話をかけたり、お店の場所を確認したりするだけという高齢者にとっては、ありえないほど高い料金です。だから彼らは、格安スマホという商品が市場に出てくるまで、旧来型の携帯端末を使い続けるのです。

売られているモノやサービスは、それ自体が固有の価値を持つわけではありません。「同じものなら、誰に対しても同じ値段で売られるべき」と考えている人は、大きな勘違いをしています。

途上国の土産物売りは、同じ商品でも日本人観光客には50ドルだといい、アメリカ人には10ドル、中国人観光客には5ドルだと言います。これを不公平だと感じる人もいますが、彼らのプライシングは極めて合理的です。

50ドルでそれを買った日本人観光客も、強制的に買わされたわけではありません。提示された価格に見合う価値が、その商品にあると自分で判断し、取引が成立したのだから、それが買い手にとっての妥当な価格なのであって、ボラれたわけではありません。

マーケット感覚に溢れる売り手は、ひとつの商品が、客によって異なる価値を持つことを理解しています。だから観光客が来るたびに、その商品がその客にとってどれほどの価値があるのか、見極めながら商売をしているだけです（図21）。

問題は、ボラれること（＝相場より高く買うこと）ではなく、自分にとっての妥当な価格を、自分自身で理解できていないことです。価格交渉というと、何でもかんでも「50％ディスカウントプリーズ！」と言う人がいますが、あれも「言い値の半額が相場だ」という認識から出てくる言葉です。

通常の買い物でも、「50％オフ！」といった割引率を見て購入を決める人がいますが、大事なことは「誰か他人が付けた値札から何％オフか」ということではなく、「自分の価値基準に照らして妥当な値段か」ということです。

自分独自の基準で考えれば、たとえ半額でも要らないものも多いはずなのに、半額で買えると、「安かった！　得した！」と大喜びする——これではすぐに、処分に困るような海外旅行のお土産や、セールで買った不要品が、家の中に溢れかえってしまうでしょう。

とはいえ、海外旅行の土産雑貨くらいなら笑ってすませられます。しかし、一生の負担になるような高額な不動産を、「相場より安いから」と安易に買ってしまうと、後からそれと引き替えに差し出した自分の人生の時間の大きさに戸惑ったり、住宅ローンのために転職をためらってしまうなど、犠牲にした自由度の大きさに驚いてしまいかねません。

大きな買い物をする際には、「相場的に妥当な値段か？」ではなく、「自分の価値基準では、いくらが妥当なのか？」という、プライシング型の思考をすることが重要なのです。

図21 顧客の価値基準に合わせて価格を変更

コスト積み上げ発想からの脱皮

ここで、自分でプライシングをする練習をしてみましょう。次のサービスは、みなさんにとって、いくらなら手に入れたいと思えるサービスでしょうか？

●毎日、洗濯と掃除と洗い物をやってもらえるサービス（1日2時間）

●テーマパークで、自分の代わりに1時間×3つのアトラクションの行列に並んでもらえるサービス

●毎年、妻の誕生日、結婚記念日、義理の両親の誕生日、母の日、父の日などに、それぞれの該当者に花束を（自分の名前で）贈ってもらえるサービス

ここで「家事手伝い業の相場は？」などと、ネットで調べ始めては意味がありません。問われているのは相場の値段ではなく、あなたの価値基準に基づく妥当な値段です。

そう言われると、今度はそれぞれのサービスにかかるコストを積み上げ、妥当な価格を計算しようとする人が出てきます（特に、銀行員や会計士に多い発想です）。しかしそれも、今、問われていることではありません。

考えていただきたいのは、これらのサービスが市場で受け入れられると（あなたが）考える価格です。コスト計算は供給者の発想ですが、マーケット感覚で求められるのは、需要者・消費者が妥当だと感じる価値を推定する力です（図22）。

コスト計算の場合、誰がやっても似たような価格が出てきます。しかし市場で妥当だと認知される価格は、人によって（その人の価値基準によって）大きく異なります。だからプライシングができる自分独自の価値基準が身につくと、

①自分にとって、この商品（サービス）の価値はいくらか？
↓
②他の誰かにとって、この商品（サービス）の価値はいくらか？
↓
③そのまた別の誰かにとって、この商品（サービス）の価値はいくらか？
↓
④この商品（サービス）を最も高く評価する人は、どのような人たちか？
↓
⑤この商品（サービス）を、誰に向けて売れば、価格は一番高くできるのか？

図22　コスト発想とマーケット発想

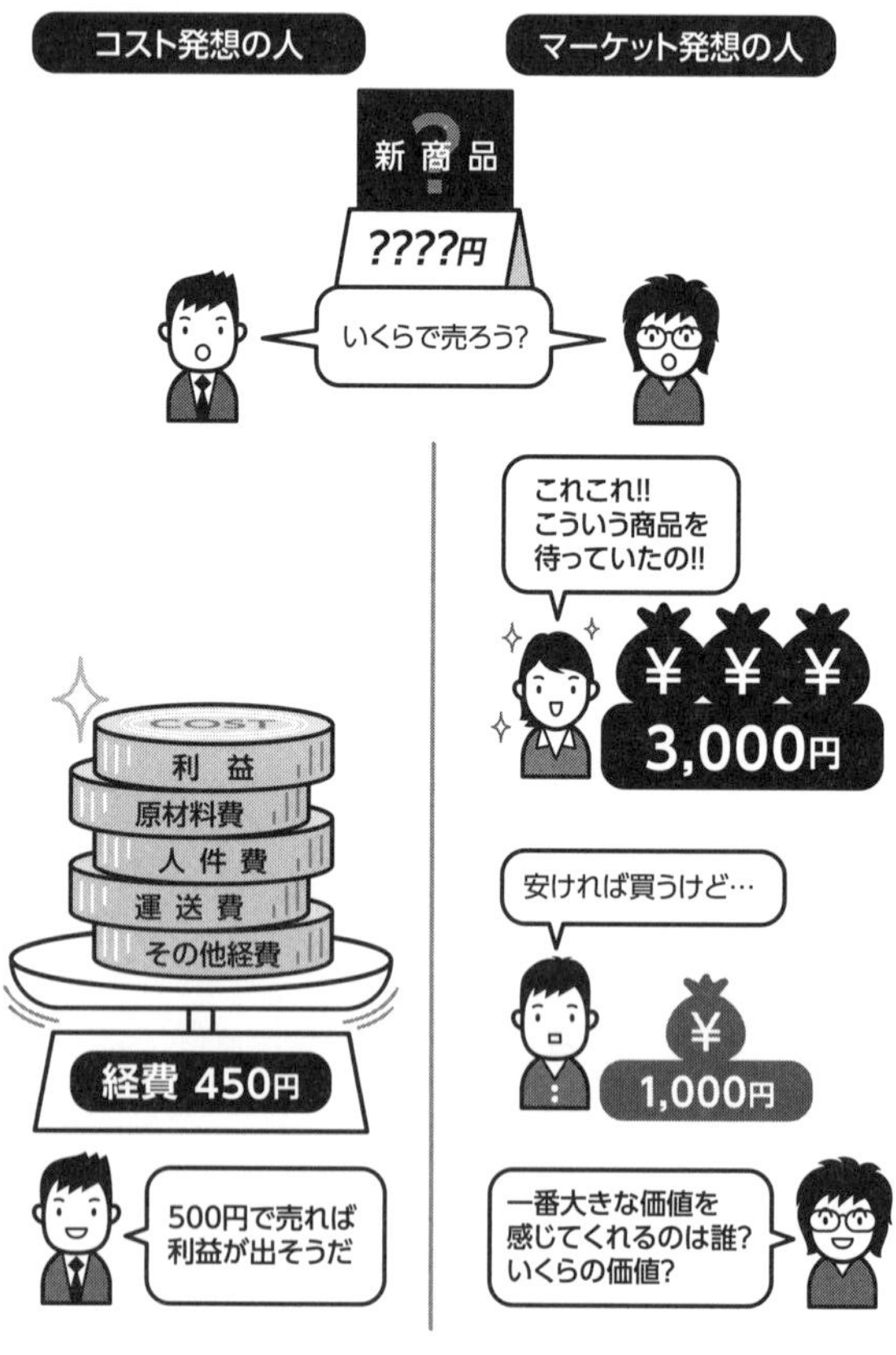

もしくは、一番たくさん売れるのか？

という形で思考を進められるようになります。コスト計算をするのは、ここまで考えた後です。市場で受け入れられる価格よりコストが大幅に低ければ、高い利益率の商売ができるとわかります。しかし、先に考えるべきはコストではなく、市場で認知される価値の大きさなのです。

その順番が反対になり、「コストから価格を決める」という発想になると、電力料金など、公共料金の決め方と同じになってしまいます。ユニクロのフリースの値段は、そんな方式では決められていませんよね？　顧客が受け入れるであろう価格を最初に想定し、その価格を実現すべく、仕入れや製造の方法を設計するのが市場のお作法です。

しかも、「選んでもらう」とか「相談にのってもらう」といった非伝統的な価値に至っては、コストの積み上げによるプライシングは不可能です。自分独自の価値基準を持ち、コスト側からではなく、需要者側からのプライシング能力を身につけること。その訓練こそが必要なのです。

実は先進国も一物多価の世界

最後に、実は日本を含めた先進国でも、顧客の価値基準に応じ、同じ商品を異なる価格で売っている（マーケット感覚に溢れた）企業や店はたくさんあるということを、理解しておきましょう。

一番シンプルなのは、スタンプカードを作らせ、10個買ったら1個が無料になるといった割引方法です。昔なら常連さんの顔を覚えていたのを、今はスタンプカードによって常連客を判別しているわけです。しかもスタンプカードなら、「そんな面倒なものは持ち歩きたくない」という常連客には、割引をする必要はありません。結果として「価格に敏感な常連客」にのみ、他の客に売るときとは異なる（割引）価格で売ることができます。

新聞に挟まれたチラシに「このチラシを持参した人は10％引き」とあるのも、スマホでお店のサイトにアクセスし、QRコードをダウンロードして提示すればドリンク1杯無料といったキャンペーンも、同じモノを人によって違う価格で売るための、一物多価のプライシング手法です。

世の中には、割引を受けるためにクーポンを切り取ったり、アプリに個人情報を登録したりする人もいれば、たかだか1杯のビールのために、そんな面倒なことはしない、という人もいます。

もしレストランが店頭でワンドリンクサービスを実施すれば、訪れたすべての客が同じ割引を受けられます。だからクーポンやQRコードを使い、「それらをダウンロードする手間を掛けてでも、ビール1杯を無料で飲みたい！」という客に対してのみ割引し、他の客には割引しないという方法を採るのです。

これは、価格に敏感な中国人観光客にのみ大きな割引をする途上国の土産物屋と、まったく同じ発想です。価格への敏感さを国籍で見分けるか、クーポンやQRコードを用意してきたか否かで見分けるか、という違いがあるだけです。

デパートの洋服も、まだ夏の間に売り出される冬物は正価、秋口になればすぐに20％オフのバーゲン、冬が半分終われば半額セールとなり、それでも売れ残った商品は、春のワゴンサービスで80％引きで売られます。これもまったく同じ商品を、顧客の価値基準に合わせ、異なる価格で販売するための手法です。

おもしろいのは、女性用ウィッグ（かつら）の市場です。髪の毛が薄くなってきた高齢女性向けのかつらは数万円もするのに、若い人向けの巻髪ファッションウィッグは数千円、アニメキャラクターのコスプレ用ウィッグならさらに安く、千円台で手に入ります。「品質が違うはず」と思う人は、実際に商品を手に取ってみてください。たしかに品質も同じではありませんが、現物を見れば、価格差がコスト要因だけではないことも理解できるはずです。

コスプレを楽しむ若い人たちは、お金持ちではありません。もしウィッグが5千円もしたら、コスプレを諦めるか、安い材料で自作のウィッグを作り始めてしまいます。それでは市場がなくなってしまうので、コスプレ用ウィッグの価格は高くはできないのです。

一方、年を取ってからカツラを使おうとする高齢者はお金に余裕があり、「カツラだとばれないことに大きな価値を感じる」人たちです。つまりこの市場において数万円もの値段で売れているのは、「カツラ」ではなく、「カツラだとはバレない価値」なのです。

経済学の教科書なら必ず載っている需要・供給曲線のグラフでは、価格はあたかも需給ラインが交差する一点で、ひとつの価格に決まるかのように見えます。しかし現実には、先進国だろうと途上国だろうと、価格は個別の需要者がいくらまで払うか（いくらの価値を感じるか）に応じて、柔軟に変更されています。つまり、本来モノやサービスの価値は、人によって異なるのが当たり前なのです（図23）。

図23 需要供給曲線のもうひとつの読み方

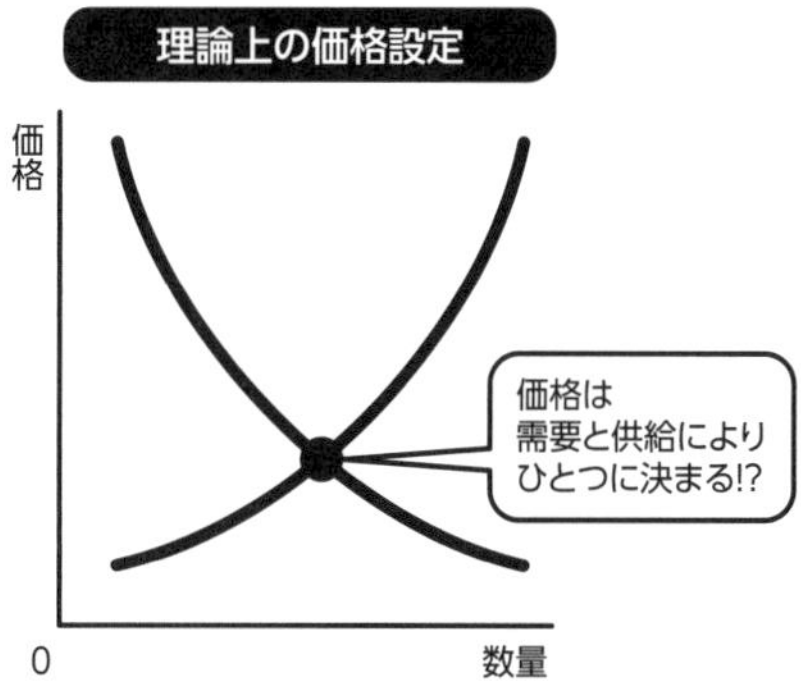

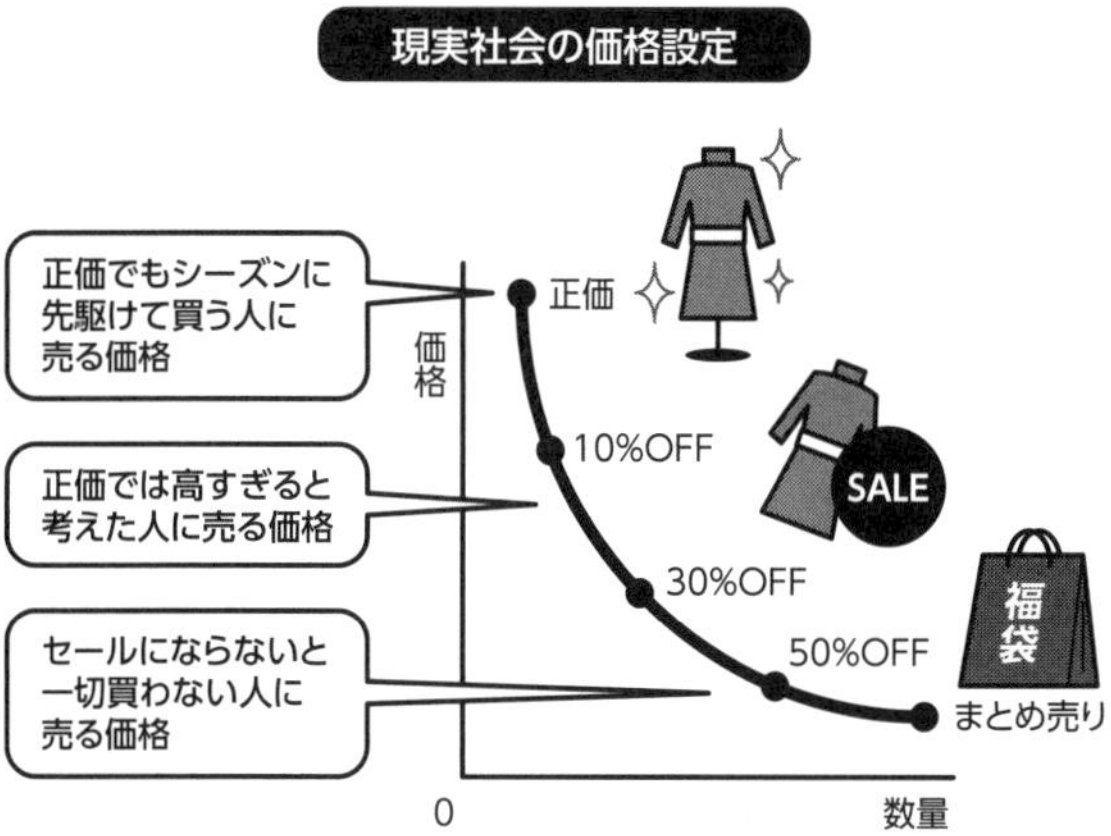

最初に書いたように、自分独自の価値判断ができないと、現時点で値札が付いていないモノの価値は、ゼロに見えてしまいます。「自分にはなんの経験も取り柄もない」と言う人は、その典型です。

「今、自分を雇ってくれる人はいない」

←

「今、自分の労働力には値札が付いていない」

←

「だから自分には価値がない」

という発想では、誰かが値札を付けてくれるまで、自分で自分の価値が認識できません。「専業主婦を求む！」という求人票が見つからなければ、主婦業の経験に売れる価値がないと考えるなんて、本当にもったいないことです。値札がなくても、価値あるものは自分で評価・判断できる能力を身につけないと、ごく身近に大きな価値の源が転がっていても、それに気づくことができません。「自分には何の取り柄もない」と嘆く人に欠けているのは、取り柄ではなくマーケット感覚なのです。

自分独自の価値基準を持ち、プライシング能力を身につけるためには、不動産や教育といった大きな買い物をするときはもとより、日々の食事をするたび、洋服や家電を買うたび、なんらかのサービスを受けるたびに、付いている値札をいったん忘れて、「この商品、このサービスの自分にとっての価値はいくらなのか？」と考える癖をつけることです。日々そういう意識を持って買い物をしていると、自分にとって何が価値であり、どんなものに、どれだけの価値があるのか、少しずつわかってきます。考え続けることにより、「自分独自の価値基準」も明確になってくるのです。

そして独自の価値基準が持てれば、今度は値札のないものでも、価値が判定できるようになります。潜在的な価値を見つけるためのマーケット感覚は、そうやって鍛えていくのです。

最近は、消費者が売り手側の立場を経験することも容易になりました。なので今まで一度もモノを売ったことがないという人は、オークションサイトなどに出品し、売る側の立場でプライシングの練習をしてみてはいかがでしょうか？

実際にやってみると、自分の感覚（価値基準）よりはるかに高い価格を付ける人がいることや、反対に、自分が評価しているものでも、市場ではまったく評価されないものもある、と理解できます。また、ちょっとした売り方の工夫により、消費者が感じる価値が大きく変わることにも気がつきます。こうして、日々の生活の中で積極的に市場と関わりを持つことにより、誰でもマーケット感覚を身につけ、鍛えることができるのです。

その2 インセンティブシステムを理解する

プライシング能力の次に重要なのが、人が何か特定の言動をとったとき、その背景にある要因や、その要因が言動につながるまでの仕組みである「インセンティブシステム」を理解することです。

インセンティブとは馬の目の前につり下げられたニンジンのことで、インセンティブシステムとは、「ニンジンを目の前につり下げれば、馬はそれを食べたいがために、走り始める」という、動機から言動に至る仕組みのことです。

人間の言動には、常になんらかの理由があります。しかし人間のインセンティブシステムは、そんなに単純ではありません。子供なら大泣きして怒っていても、アイスクリームをひとつ渡せばニッコリするかもしれませんが、激怒している取引先の部長に大好物の焼き肉の材料を渡しても、いきなり機嫌がよくなったりはしませんよね。むしろ、「オレを丸め込もうとしてるのか!?」と、怒らせかねません。

大人については、「欲しいモノをもらえた↓機嫌が直る」という単純なインセンティブシステムは機能せず、複数の要素を組み合わせたり、特定の環境下でのみ現れる心理的な動きを利用するなど、状況や相手の性格も考慮しつつ、動機から行動につながる複雑な流れを理解する必要があるのです。

しかも時に私たちは、自分がなぜ、ある特定の行動をとったのか、自分でも正確に把握できていないことがあります。見栄や自己正当化のために適当な理由をでっちあげ、「これが、自分がああいう行動をとった理由だ」と信じ込もうとするからです。

マーケット感覚を身につけるためには、そういった泥臭くて複雑な人間のインセンティブシステムについて、深い理解が必要です。その理解が、市場における需要者や供給者が何に基づき、次にどんな行動をとるのか、推測し、予測する力につながるからです。

あの人はお金のために動いている!?

政治家や有名人のスキャンダルが報じられると、決まり文句のように「あの人は、お金で動いている」「お金のためにそんなひどいコトをするなんて!」という人がいます。しかし、「悪事を働いたのはお金のためだ」と、(ほとんど考えもせずに)決めつける人は、人間の欲望やインセンティブシステムについての想像力が足りません。

なんでもかんでも「金のためだ!」と考えてしまうのは、「自分は、お金以外のインセンティブシステム(人が行動する仕組み)を想像しえない」「自分が何かをするときの唯一の理由は、金が手に入るかどうかだ」と告白しているようなものです。

しかし私たちは本当に、そこまでお金のために動いているのでしょうか?

数年前、複数の若手タレントが、使ってもいない商品をブログで紹介し、報酬を受け取っていたことが問題になりました。いわゆるステマ(ステルス・マーケティング、販促活動であることを隠した販促活動)問題です。

こうした事件が発覚するとすぐに「お金のためにファンを裏切った」という人がいるのですが、私にはとてもそうとは思えません。もし私がタレント(もしくはタレントの卵)

だったら、一番大切なのはファンが増えることであり、自分のタレントとしての人気が上がることです。その結果としてギャラが上がり、お金が儲かるのは嬉しいですが、人気タレントになれる可能性を潰してまで、金儲けに走る意味はありません。

もしも彼女らが、タレントとしての成功よりお金を手に入れたいのであれば、有名芸能人やIT社長らが集う合コンに潜り込んで、玉の輿を狙えばよいのです。若くてかわいいタレントの卵の女の子なら、そちらのほうが成功確率も高そうです。

なのにわざわざ苦労してタレントを目指すのは、お金のためではなく、ファンを獲得し、人気を得たいからでしょう。贅沢三昧できる生活が夢なのではなく、大きな会場で満員のファンから歓声をおくられ、地上波のテレビ番組に出演することが夢なのです。

だから私は、彼女らがお金のためにステマをしたとは思いません。では、彼女らはなぜあんなことをしたのでしょう？


ひとつの推測はこうです。タレントは人気商売です。現時点で売れている人でも、みんな常に「いつ人気がなくなるか、テレビに出してもらえなくなるか」と、不安に思っています。駆け出しのタレントならなおさらです。

私がもしその立場にいたら、テレビや雑誌の仕事をくれる可能性のある人には、どこまでも気を遣います。そういう人からの依頼であれば、サインもするし、飲み会のお相手にも喜んで駆けつけるでしょう。そしてあるときそういう人から、「この商品、ブログで紹介してくれない？」と言われたら？

もしくは、タレントとして頑張っているのに、なかなかブレークできない状態が続いていたとしましょう。事務所からはそれなりの支援をしてもらっているのに、芽が出ない、仕事が増えない。後から入ってきた新人のほうが、先に売れ始めている。

そんな状況になったら、申し訳ない気持ちや、焦りや、情けなさでいっぱいになりませんか？　そんなとき、事務所のスタッフから「いいお金になるから、コレ、ブログで紹介してくれない？」と言われたら？

「本業で稼げない自分が、これを断るなんてできない」と思いませんか？「自分の食い扶持くらい稼がなくちゃ」という気持ちになったりしませんか？　それって「お金のためにやっていること」なのでしょうか？「金に目がくらんでファンを裏切った」のでしょうか？

マーケットとは、生身の人間同士が取引をする場所です。人間の行動が何に動機付けられているのか、そのことに対する深い洞察なしに、マーケット感覚を身につけることはできません。

たしかに世の中には、お金だけで動く人もいます。しかし大半の人は、そんなに単純ではありません。私たちのインセンティブシステムは、もっと複雑で繊細、かつ、現実的なものなのです。

他にも、同僚が日本企業から外資系企業に転職すると、「給与が倍になるんだから、心も動くよね」などと、知ったような言い方をする人がいます。ですが私たちは、本当にお金の額によって、日々の行動を決めているでしょうか？　ご飯を食べるたびに、「おごってもらうなら高いものを。自腹なら安いものを」と、考えますか？　ましてや転職という人生の一大イベントに際して、給与が上がるなどという理由だけで、仕事を変えたりするでしょうか？

なんでもかんでも「アイツは金で動いている」と言う人は、ビジネスを始めるとすぐに「安くすれば売れる」と言い出します。でも世の中には、安くても売れないモノや、高くても大売れしているものがたくさんあるんです。

「自分はお金ですべてを決めている」という人なら、他の人も同じはずと推定するのも、わからなくはありません。でも「自分はそんなことはしない」と考えるなら、他の人も同じように、そんなことはしません。

何かに対して「金のためだろう」という思いが頭に浮かんだら、もう一度、よく考えてみてください。自分なら本当に「金のために」そんなことをするだろうかと。そして、お金以外に動機があるとすれば、どんなものがありえるだろうかと。

そうやって「人間が動く理由や仕組み」、すなわちインセンティブシステムについて、日々ほんの少しだけでも深く考える癖をつければ、市場の動き方についても、少しずつ理解できるようになっていくでしょう。

自分の欲望に素直になろう！

もうひとつ、インセンティブシステムを理解するために大切なのが、自分の欲望と素直に向き合うことです。これができない人は、マーケット感覚を身につけるのがとても難しくなります。

日頃から「こういうことがやりたい。でも、どうせできない」「あれが手に入れたい。でも、どうせ手に入らない」と考えていると、いつしか、それが自分の欲しいものだと、わからなくなってしまいます。

人間なら誰でも持っている、自分が傷つかないよう守るための防御システムが、「どうせ手に入らない」という気持ちを「そんなに欲しくない」という気持ちに変えてしまうからです。

そういうことが続き、自分の欲しいものがわからなくなってしまうと、（市場にいる）他の人が欲しいものを理解するのも難しくなります。自分の心をごまかしているのに、他者の心を正確に読むなんて、不可能ですよね。だから自分の欲望を抑え込んでしまうと、マーケット感覚が身につかなくなるのです。

成功しているビジネスパーソンはみんな、自分の欲望にとても正直だし、かつ、ストレートにそれを表現します。「アレがやりたい！」「コレを実現したい！」と、突拍子もない希望を次々と表明します。

こうして自分の欲望に素直に向き合うと、自分の中にある欲望センサーの感度が高まり、他者の欲望や、人間全体に共通するインセンティブシステムについても、理解が進みます。そうすると、市場で人がどう動くかもわかるようになり（＝マーケット感覚が鍛えられ）、結果としてビジネスも成功するのです（図24）。

だから、たとえ手に入る可能性が低くても、欲しいものを「欲しい！」と強く意識し、

図24　欲望センサーを磨こう！

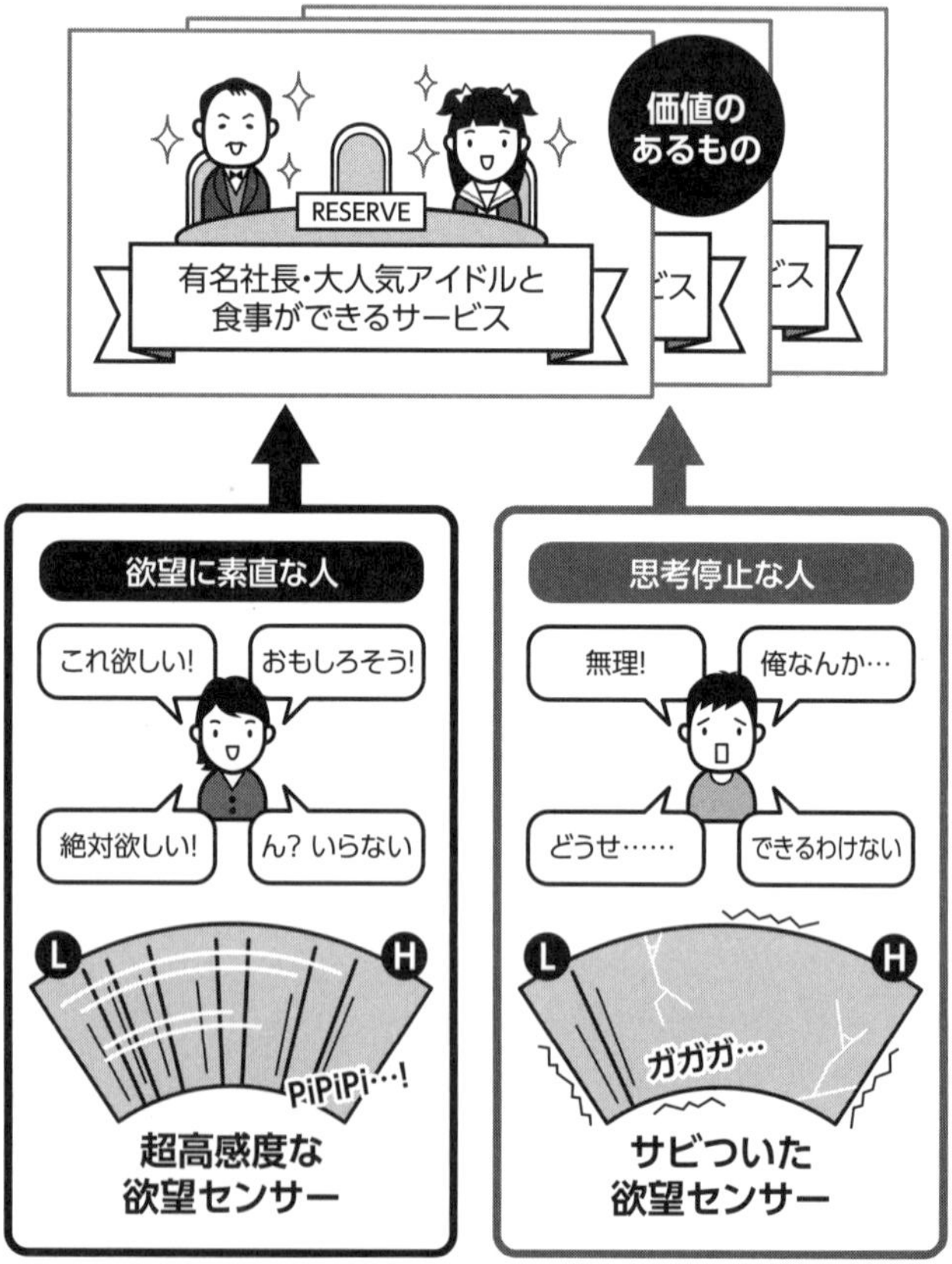

自分の欲望に真正面から向き合うことが、これからはとても大事になります。日本では学校でも家庭でも、「我慢すること」に価値があるかのように教えますが、我慢するよりも「自分は何が不満なのか↓自分が求めている理想的な状態とは、どのような状態なのか↓自分が欲しいものは何なのか」と考えるほうが、よほど建設的です。

多くの人が不満を表明すれば、誰かが工夫や技術によって解決しようと考えます。生活者がワガママになればなるほど、世の中は便利になり、進歩するのです。食事を食べるのは誰にとっても楽しみだし、食事を作ることを楽しいと思う人もいるけれど、食事の後、食器を洗うのが楽しくてしかたないという人はいませんよね。だから食器洗浄機という商品が市場に出てくるのです。

「皿洗いがしたくない」と口に出すのを、ワガママだ身勝手だと責める社会からは、新しい価値は生まれません。私たちはもっと「こんなモノが欲しい！　こういうサービスがあったら、どんなに便利だろう。なぜ今の制度はこんなに面倒なんだ？」と考えるべきだし、表明すべきなのです。そうすることが新たな付加価値への気づきとなり、同時に、人間は何を求めているのかという、インセンティブシステムへの理解にもつながるのです。

規制や罰則で問題を解決しようとしない

自らの欲望をごまかさないことに加え、もうひとつ意識すべきことは、何らかの問題に直面したとき、「人間のインセンティブシステムに働きかけて、この問題を解決できないか？」と考えてみることです。

問題を解決するための方法には、「法律や規制や罰則を作る」「権威のある人に影響力を行使してもらう」「背景を説明し、納得させる」など、さまざまな方法があります。そのうちのひとつである「人間のインセンティブシステムを利用して、問題を解決する」という方法を、他の方法より優先して使うこと。これが重要です。

ニコニコ動画を運営するドワンゴは、朝が苦手なエンジニアの出社時刻を早めるため、午前中に行なわれる社内体操に参加したら、昼の弁当がタダでもらえる（しかもジャージ姿の女子マネージャーから！）という仕組みを導入したことがあったそうです。

ドワンゴは企業ですから、社内規則を作るなり罰則を作るなりして、出社時刻に強制力を持たせることも可能だったはずです。にもかかわらず規則のかわりに、「社員が早く出社したいと思う動機付けの仕組みを作る」という発想は、とても市場的です。

マーケット感覚の弱い人は、こういうときにすぐ「月に5回以上、遅刻した場合、翌月の給料を減らす」といったルールを作ってしまいます。しかしそんなことをすれば、朝の弱い（しかし、技術力は非常に高い）エンジニアが、退社してしまうかもしれません。それでは本末転倒です。

そういえば私が前に働いていた企業でも、最初は年に一度、社員旅行を行い、軽井沢などに出かけていたのですが、「週末を会社の人と軽井沢で過ごしても、楽しくもなんともない」と考える若手社員が増え、社員旅行への参加率が下がってしまいました。

そこで旅行を2年に一度に変更し、1回の旅行に使える予算を倍にして、行き先を沖縄のビーチリゾートに変更しました。すると一気に参加率が回復したのです。

この問題を規制や罰則で解決しようとするなら、社員旅行への参加を社員に義務付けるとか、部門ごとに参加率を集計し、部門長にプレッシャーを掛けるといった方法もありえます。でもそんなことをして、行きたくもない旅行に社員を無理矢理つれていっても、誰も得をしません。それよりは、社員のインセンティブシステムを利用して、「みんなが行きたくなる方法」を考えたほうがよほどいいですよね。

このように、インセンティブシステムを利用して問題を解消するほうが、よほど賢いということはよくあるのです。

なのに世の中には、こういった問題を規則や罰則で解決しようとする組織がたくさんあります。そして、そういう場所で長く働いていると、問題はそうやって解決するものだと刷り込まれてしまい、「どうやったら強権を発動せず（＝規制を強化しなくても）、みんなが自分から動くようになるだろう？」と考える、インセンティブシステムを活用した問題解決の発想が身につきません。


また、秩序が大好きなこの国では、経済成長とともに社会の規範レベルが大幅に高まってきています。やってはいけないこと、やるべきではないこと、やらないほうがいいことが、学校でも家庭でも会社でもどんどん増えており、それを「規則にする」ことが大好きな人がいるのです。

何かあるたびに「規制を強化すべきだ！」と叫ぶ人を見ると、私は心底ぞっとします。そんな人ばかりになってしまったら、罰則だらけの息苦しい規制社会に向かうだけです。問題があれば、まずは人間のインセンティブシステムを利用してなんとかできないか、考えるべきなのです。そうすれば嬉々として、問題を解決する人が現れるのですから。

図25 規制脳と市場脳

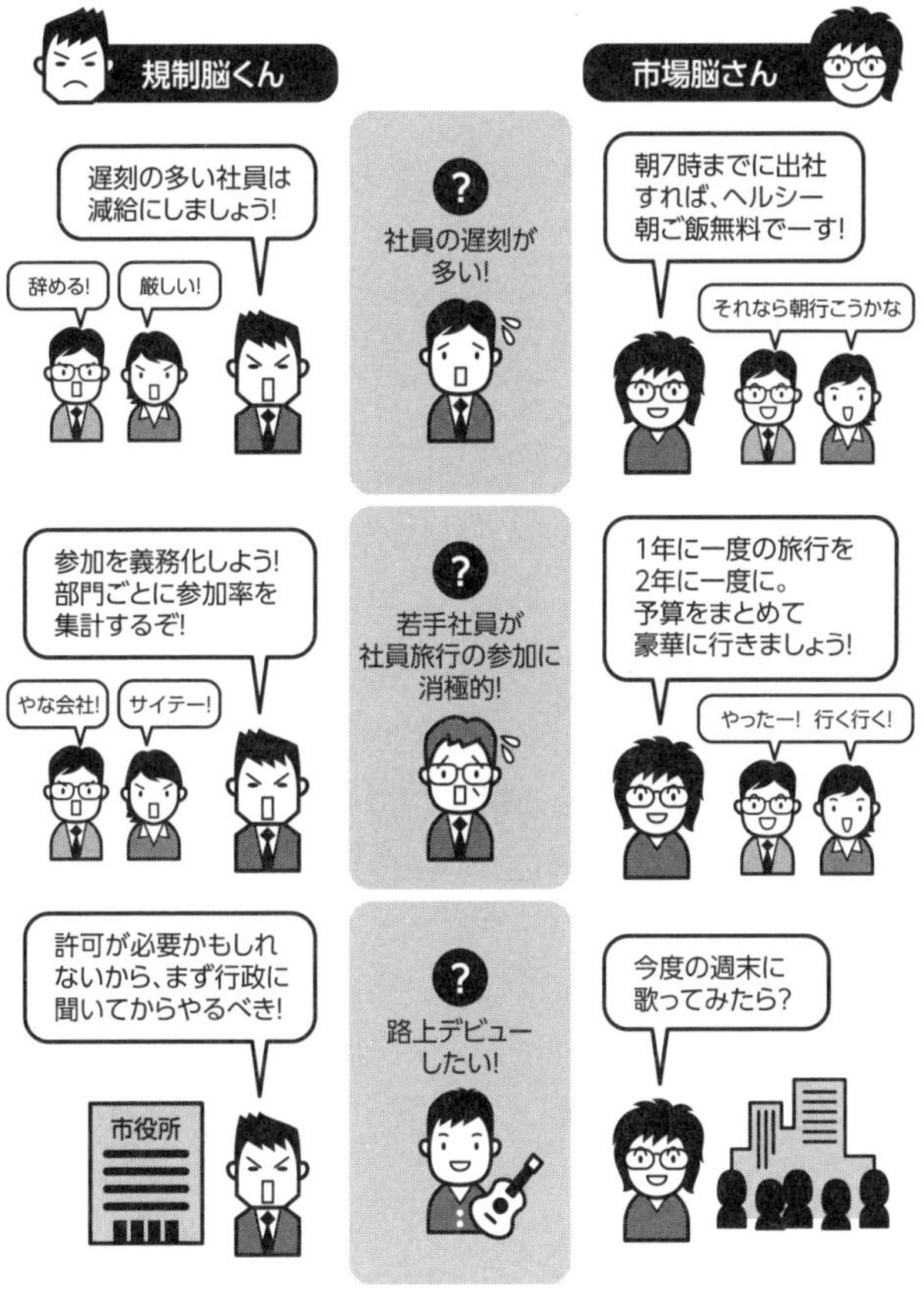
規制脳くん
市場脳さん
社員の遅刻が多い!
遅刻の多い社員は減給にしましょう!
辞める!
厳しい!
朝7時までに出社すれば、ヘルシー朝ご飯無料でーす!
それなら朝行こうかな
若手社員が社員旅行の参加に消極的!
参加を義務化しよう! 部門ごとに参加率を集計するぞ!
やな会社!
サイテー!
1年に一度の旅行を2年に一度に。予算をまとめて豪華に行きましょう!
やったー! 行く行く!
路上デビューしたい!
許可が必要かもしれないから、まず行政に聞いてからやるべき!
市役所
今度の週末に歌ってみたら?

もしあなたの息子が（友達でも部下でもいいですが）、ギターを抱えて路上で歌ってみたいと言い出したとします。こういう話を聞いたとき、「路上で歌うにはどこかの許可がいるのでは？」と最初に思う人は、「規制脳」という病気にかかっています。

確かに駅構内など許可が必要な場所もあるでしょう。でも、なんでもかんでも最初から「無理な可能性がある。規制があるかもしれない」と考えてしまうのは、欲望と規範に関する考え方のバランスが壊れています。それではまるで、アクセルを踏む前にブレーキを踏むようなものです。

そうやって「どうせできない」「きっとできない」「何かきっと、できない理由があるに違いない！」と考え、やってみる前から欲望を抑える癖がついてしまうと、自分のことも、そして、世の中の動きもわからなくなってしまいます。

世の中の動きとは、そこに生きている人間の動きの集合体です。それぞれの人が何を求め、どんな気持ちがどんな行動につながるのか想像する力を鍛えないと、社会がどちらの方向に動いているのかもわからないし、マーケット感覚も身につきません。

同様に、なんでもかんでも「きっとお金のためだ」といったお手軽な理由で納得し、その時点で思考を止めてしまうのも、非常に危険です。そんなふうに決めつけていると、人間とはどんな生き物なのか、わからなくなってしまいます。

自分の欲望と向き合い、人間のインセンティブシステムに関心を持ちましょう。そして問題に直面したら、「どうすればみんな自発的に、望ましい方向に動いてくれるだろう？」と考えましょう。気持のもち方を少し変えるだけで、マーケット感覚はどんどん鍛えられていくことでしょう。

その３　市場に評価される方法を学ぶ

３つめのポイントは、「組織」と「市場」の意思決定スタイルの違いを理解し、組織に評価されるのではなく、市場に評価される方法を学ぶことです。

これまで重要な意思決定は、国や地方公共団体、業界団体や企業、学校や家庭など、組織の中で行なわれてきました。しかし最近は多くの重要な判断が、市場のダイナミズムの中で行なわれるようになっています。

一番わかりやすい例が規格です。昔は、規格と言えばＪＡＳやＪＩＳなど、公的な組織、もしくは業界団体が定めるものでしたが、今は「市場が選ぶ事実上の標準仕様」である、デファクトスタンダードのほうがよほど重要です。つまり、「標準仕様」を決める主体が、組織から市場に移行したのです。

お金の分野でも同じことが起こっています。通貨や決済方法は、これまで政府や中央銀行といった「組織」が決めるものでした。しかし今は、カード払い、電子マネー払い、通信料金との合わせ払い、ポイント決済などの中から、消費者が自由に決済手段を選べます。

今はまだその大半が、国が定めた最終的な決済システムにつながっていますが、今後はビットコインのような、組織の裏付けを持たない通貨が市場に（デファクト通貨として）選ばれる可能性もあるし、アマゾンやアップルなど、グローバル企業が発行するポイント的なものが、事実上の通貨として世界中で使われ始める可能性もあります（車や保険はもちろん、ホテルの宿泊バウチャーからレストランの食事券、美術館のチケットからスパの利用券までアマゾンで買えるようになれば、アマゾンポイントだけで生活するのも夢ではありません）。そうなれば通貨や決済制度さえ、組織（国家）が定めるものではなく、市場が選ぶものになるのです。

人間も、今までは組織に選ばれ（＝組織に雇ってもらい）、組織から評価されることを目指す人が多かったけれど、今後は市場に選ばれ、市場から評価されることを目指す人が増えるでしょう。しかし、組織に評価される方法と市場から評価される方法は、大きく異なります。マーケット感覚を身につけるためには、この違いをよく理解し、市場に選ばれる方法に、より敏感になる必要があるのです。

すべての人にチャンスを与える市場

組織と市場による評価の違いを、市場化の進展が著しい旅行業界を例にとって考えてみましょう。

ネット上の旅行サイトが存在しなかった時代、旅行客は、JTBなど大手旅行会社のパンフレットか、もしくは旅行ガイドブックに掲載されている旅館、ホテルの中から、宿泊先を選んでいました。それ以外では、現地に着いてから観光案内所で宿を紹介してもらうしかありません。当時は、自社でテレビCMや新聞広告が打てる大規模ホテルを除き、旅行パンフレットやガイドブックに掲載されない宿は、存在しないも同然だったのです。だからどこの宿も、旅行会社や出版社に気に入ってもらうため、あの手この手の営業努力を行なっていました。

ところが今は、ウェブサイトさえ作っておけば検索エンジンに見つけてもらえるし、楽天トラベルなどの予約サイトは（紙のガイドブックと違って掲載できる情報量に上限がないので）、取引条件に合うすべての宿泊施設を載せてくれます。

これにより宿泊施設は、「旅行会社やガイドブックの出版社という組織に選んでもらう」という選択肢に加え、「市場＝旅行客に直接選んでもらう」という選択肢も手に入れたのです。

このように、組織による評価から市場による評価へと移行したことで、宿泊施設のあり方も大きく変わりました。

通常、パンフレットやガイドブックに掲載された宿泊施設の説明文には、欠点や問題点は何も書いてありません。「このホテルをパンフレットに掲載する」と組織が決めた時点で、「よい点だけを書く」と確定してしまうからです。このため、食事がイマイチな旅館は「温泉がすばらしい！」と書いてあるし、大浴場が狭いホテルは「食事が絶品！」と書いてあります。旅行パンフレットやガイドブックにおいては、掲載されなかった施設はその存在さえ無視されるのに、選ばれた施設は完全肯定されるのです。

ところが市場型の評価が行なわれる口コミサイトでは、どんなに絶賛されているホテルでも、必ず不満を表明している客がいます。100人中100人が最高点を付けるホテルは存在しないし、総合点では星5つの最高評価を付けたレビュアーでも、「ただし、○○

については残念だった」など、不満点にも触れています。

また、全体としては評価の低いホテルに関しても、「乗り継ぎ客の自分には十分だった」といった、肯定的な意見も付けられます。つまり市場型の評価では、どれひとつとして「完全無欠」にもならないし、「存在しないコト」にもならないのです。

これは、宿泊施設を少数の完全無欠な施設と、多数の存在しない施設に分けてしまう組織型の意思決定よりも、明らかに「現実に近い姿」ですよね。だから消費者は、組織の評価より市場の評価を信頼するのです。

また通常、組織における意思決定者の数はごく少ないため、その価値観（基準）に合わせて企業努力をする宿泊施設は、どこもかしこも似通ってしまい、結果として、画一的で個性のない施設ばかりになってしまいます。

これに対して市場では、より多様な価値基準による評価が行なわれます。ネットがつながらない宿は、どんなにすばらしい施設であっても評価しない人、露天風呂の有無が何より大事だという人（私です）、夕食がセットになっていないことを評価する人など、個別の旅行客の意見は、旅行会社の企画部長やガイドブックの編集長といった特定個人の意見より、圧倒的に多彩です。

図26　選抜型の組織評価 vs. 全並列型の市場評価

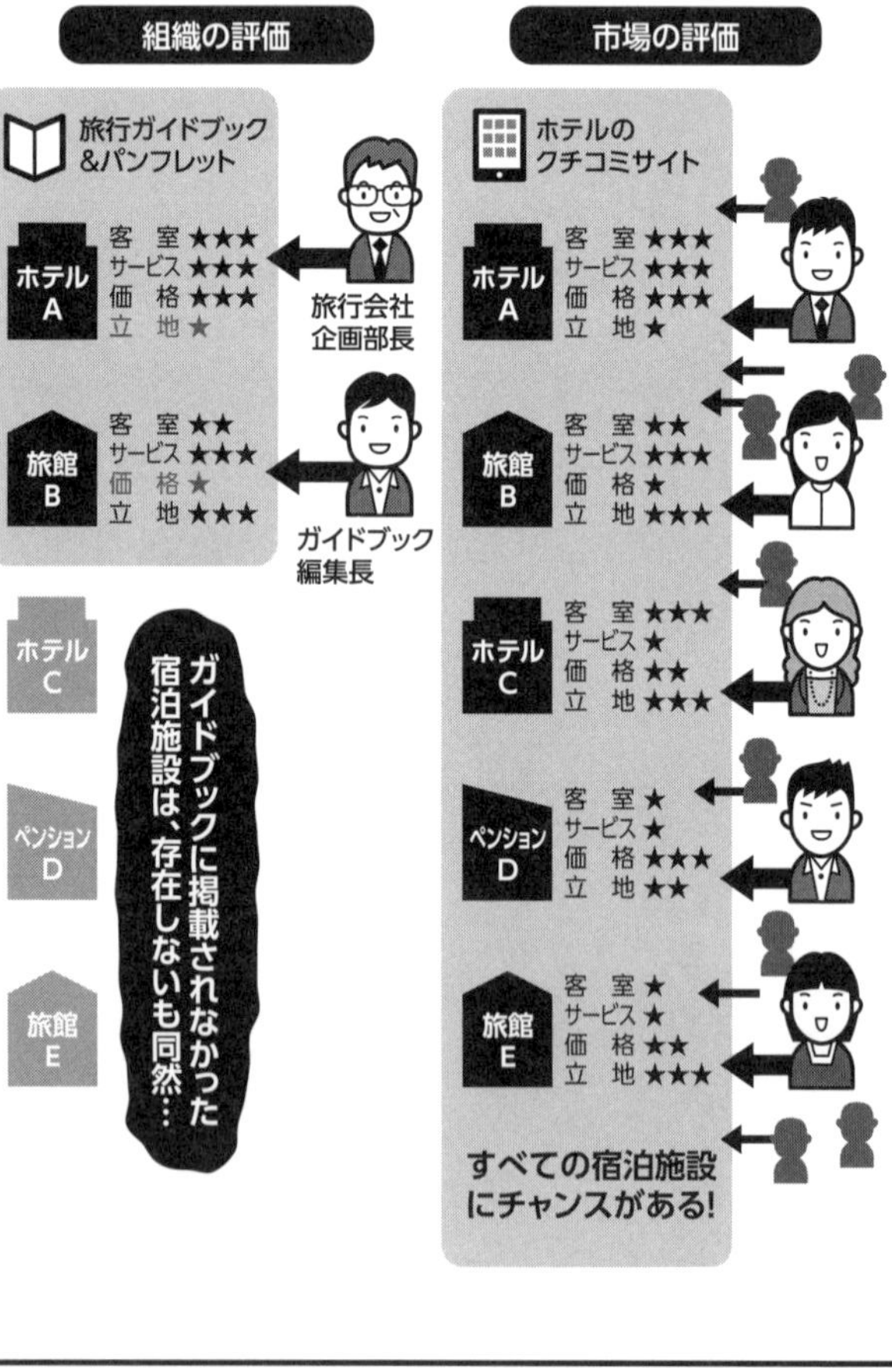

このため、より幅広いタイプ、さまざまなグレードのホテルにも注目が集まり、それが、特徴を際立たせ、特定の好みを持つ旅行客だけから気に入ってもらおうとする、個性的な旅館やホテルの増加につながるのです（図26）。

よく「市場では強いものしか生き残れない。市場は弱肉強食だ」と言う人がいますが、現実には反対です。組織型の意思決定方式では、少数の「選ばれたもの」のみが絶賛され、選ばれなかったものには、まったくチャンスが与えられません。

それが市場での評価に変われば、すべての施設の良い点と悪い点が明らかにされ、際立った特徴のある個性豊かな宿泊施設にもチャンスが与えられます。結果として、最高の宿泊施設を探すのではなく、自分の好みや目的に合った施設を探せばよいのだという考え方も広まります。より多くの人に、より多彩な人にチャンスを与えるのが市場型の評価方式であり、意思決定方式なのです。

属人的な組織評価からの脱皮

意思決定の方法が組織型から市場型に移行すると言われても、長く組織型の意思決定に慣れ親しんだ人にとって、市場に評価される方法を一朝一夕に身につけるのは簡単ではありません。

中学校や高校の修学旅行の際、夜中に先生たちが集まり、豪華な舟盛りを楽しんでいる部屋を覗いてしまった経験があるのは、私だけではないでしょう。ホテルは、意思決定者である先生を特別扱いすることで、「来年の修学旅行でも、あのホテルを使おう」と決めてくれることを期待しているわけです。

そんなことばかり考えている旅館やホテルは、次第に、宿泊者のニーズを真剣に考えることもなくなり、その調査方法さえ、わからなくなってしまいます。そこに少子化が起こり、団体旅行が激減すると、経営が急速に悪化するのです。

通常、組織における意思決定は属人的なので、キーパーソンを押さえることが重要です。企業では、社長や有力な役員の意向で物事が決まることも多いし、選ばれる意見も、新人ではなく実績のある社員が発案したものに偏りがちです。つまり組織における意思決定では、商品や意見そのものではなく、誰がそれを提起したか、誰が主張したか、誰が賛成したか、によって、大きなハンディが付けられるのです。

このため組織の評価に慣れた人は、特定の意思決定者の価値観を意識してプレゼンテーションをしたり、ときには直接おべっかを使ったりもします。それらは「人脈力」とか「根回し力」などと呼ばれ、大組織では、そういったことに長けた人が「仕事ができる」と評価されることもあります。

ですが、そんな力をいくら身につけても、市場型の評価が行なわれる世界では、まったく役に立ちません。そもそも市場には、社長や校長のような「決定的な権限を持つ人」が存在しません。意思決定に影響を与えるのは、極めて移ろいやすい意見を持った、不特定多数の人たちです。

この、顔の見えない、多数の市場参加者のニーズを探るのは、組織内の意思決定者1人のニーズを探るより、はるかに大変です。キーパーソンの好みなら、事情通の人に聞いたり、本人を注意深く観察したりすればわかるでしょうが、市場では、1人の人の意見さえ日々変化するからです（図27）。

市場で評価される方法を学ぶには、誰にとってもそれなりの時間がかかります。だから今、調子がよいのは、早い段階から市場で選ばれるための試行錯誤を重ねてきたホテルや旅館なのです。

それは個人についても同じです。組織を離れても生きていく力を身につけるためには、

図27　属人的な組織評価 vs. 多様な市場評価

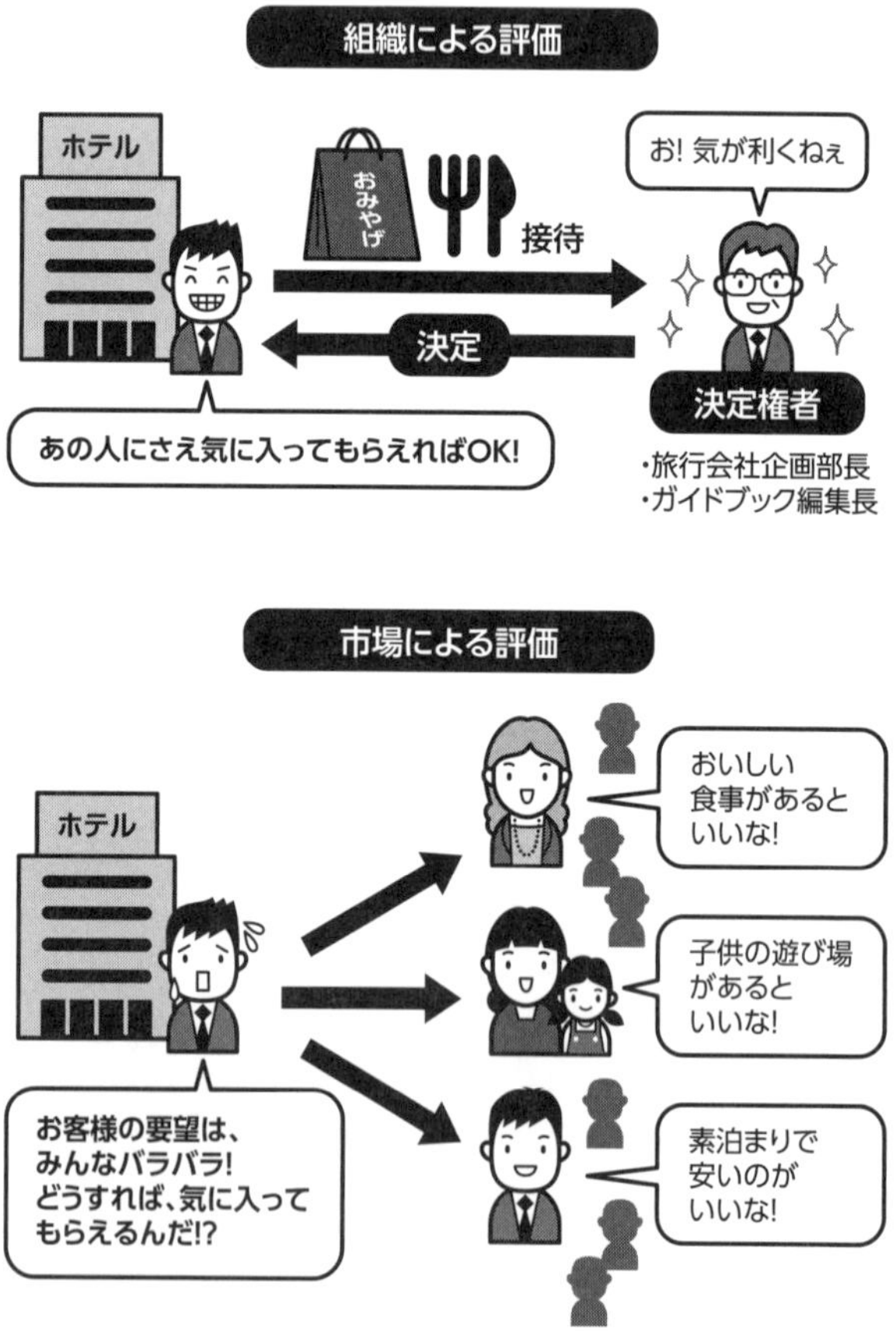

上司（組織）に評価される人ではなく、顧客（市場）に支持される人を目指す必要があります。それができないと、何があっても今いる組織にしがみつくことしかできません。

現時点では、まだ市場化が進展していない分野でも、いつかは（旅行業界のように）市場化が進みます。「組織の中で選ばれるスキル」ではなく「市場に選ばれるスキル」を意識し、マーケット感覚を磨きましょう。それは転職価値を上げることだけではなく、人生の自由度を高めることにもつながるのです。

「ふるさと納税」の画期的な意義

組織の評価より市場の評価が重要になるのは、民間分野だけではありません。これからは公的な部門でも市場化が進みます。

最近、大人気の「ふるさと納税」制度をご存じでしょうか。名前から受けるイメージとは異なり、自分のふるさとでもなんでもない地域も含め、好きな自治体を選んで納税できる制度です。

税金の納め先を変えるだけなのに、見返りに豪華な特産品がもらえることも多く、人気が高まっているのですが、これは事実上「税金徴収制度の市場化」です。この市場では、日本中の地方自治体が、日本中の納税者の払う税金を獲得しようと競争しています。財政が厳しい地方自治体は、これを歳入増や観光客誘致、移住促進のチャンスと捉えているようですが、私からみれば、この制度の最も大きなメリットは別のところにあります。

それはこの制度が、地方で働く公務員のマーケット感覚を鍛えるために、ものすごく役立つだろうということです。これまで地方自治体にとって、財源を確保するための手段といえば、国土交通省から公共事業予算を獲得し、経済産業省から特区に選んでもらい、総務省や財務省から地方交付税などの補助金を獲得することを意味していました。つまり財源確保には、霞が関の各「組織」に選んでもらう必要があったのです。

このため多くの自治体が、霞が関という組織の意思決定プロセスを熟知した官僚出身者を知事や副知事として迎え、陳情と称して霞が関詣でを繰り返していました。しかし「ふるさと納税」で歳入を増やすために必要なのは、霞が関の意思決定プロセスに関する知見ではなく、納税者という不特定多数の人たちのニーズを把握し、市場から選ばれるためのマーケット感覚です。

これまで地方公務員といえば、最も市場から遠いと思われる職業でした。しかし地方が抱える課題の中には、いかに若い人たちから居住地として選んでもらうか、いかに国内外からの観光客を増やすかなど、「いかに市場で評価されるか」というタイプの課題が、たくさん含まれています。

「ふるさと納税」での体験を通して、市場での成功体験（自信）とマーケット感覚を身につけた自治体職員は、次のステップとして、それらの課題解決にも市場的なアプローチで挑戦してみようと考え始めるはずです。地方自治体の意思決定方法が、これを機に少しでも市場型に変わるとしたら、その意義は計り知れません。

道州制についての議論の中ではよく、「自由に競争したら、地方が大都市に勝てるはずがない」と言われます。これは、日本の地方にはどこもすばらしい価値があると考えている私には、まったく理解できない感覚です。私から見れば、地方に足りないのは価値ではなく、マーケット感覚だけだからです。

「ふるさと納税」は、納税額の多い都市部の人の税金を、地方がぶんどりに行く制度なのだから、地方行政に携わる方はぜひこの市場で成功体験を積み、地方分権や道州制に関しても、前向きに考えていただければと思います。

作り込みより「とりあえずやってみる」

もうひとつの組織と市場の意思決定方法の違いは、組織が「決めてから→やる」のに対し、市場は「やってみてから→決める」という点にあります。

テレビCMや雑誌広告は、高額なギャラのタレントやカメラマンを起用し、手間暇をかけて作り込みます。このため、試しに複数のCMを作ってみて、実験的にすべてをテレビで流してみる、などということはできません。

ところがサイトのデザインを変更するコストが安いネットビジネスでは、複数の広告デザイン案を実際に使ってみたうえで、最も消費者に支持されたデザインを残すという手法がよく使われます。アマゾンドットコムのサイトでも、買い物をするたびに、価格の表示方法やお勧め商品写真の配置など、画面のあちこちが微妙に変わります。おそらく、どのデザインが最も多くの購買につながるのか、テストしているのでしょう。これが「やってみて決める」方式です（ただしこの方式は、何でもかんでもやってみる方法ではありません。最終段階に残った複数の有望な案の評価を、市場に委ねるという方法です）。

新しい技術を使った製品開発についても同じことが起こっています。今までは、大企業が社内で研究を進めているさまざまな技術の中から、経営会議で選ばれた、限られた技術だけが、商品化に向けて開発資金と開発人材を割り当てられていました。いったん開発が始まると商品は細部まで作り込まれ、完璧な状態になってから市場に投入されます。さきほどの例で出した、テレビＣＭの作り方と同じです。

ところが今は、モノになるかどうかわからない技術でも、スタートアップ企業が製品化にトライすることが増えています。こんなことが可能になったのは、そういった企業にも資金を提供する、エンジェル投資家が現れたからです。

こういった資金の出し手は、出資したすべての開発プロジェクトがうまくいくなどとは最初から考えていません。彼らは、多くの投資プロジェクトのうちひとつでも大当たりすればそれでよいので、有望そうな技術があるなら、とりあえず全部やらせてみて、どれがイケそうかは、後から見極めればよいと考えています。これも「やってみて決める」方式の一例です。

組織型の「決めてから↓やる」方式では、細部まで完璧に作り込むことがとても重要です。他の案はすべて捨ててひとつを選んだのだから、選んだひとつは絶対に成功するよう、万全を期す必要があります。

一方、市場型の「やってみて→決める」方式では、どんどんやってみるためのフットワークの軽さと、ダメだと思えば早めに見切る意思決定の早さのほうが重要です。このように市場化した社会では、「作り込み能力」より、「素早い行動力と迅速な意思決定」のほうが重要であるため、前者には圧倒的な強みがあるのに後者の能力に劣る日本企業が、苦戦を強いられているのでしょう。

「組織内で選ばれたものを完璧に作り込んで市場に問う」方式から、「有望な案はすべて市場に問い、市場からの評価によって残すものを決めていく」方式への移行が進んでいる背景には、技術や消費トレンドの変化のスピードが、今までになく速くなっているという事情があります。

「最初に選んだ案を、完璧になるまで作り込む」方式では、作り込んでいる間に起こる変化に対応できません。他の案はすでに捨ててしまったし、選んだひとつにはすでに多大な投資をしているため、開発の途中で「あっ！　市場のトレンドが変わってしまった！」と気がついても、簡単に止めることができないのです。このため技術や環境の変化が速ければ速いほど、そして、消費者のニーズの移り変わりが速ければ速いほど、「やってみてから決める」という方式のほうが有利になるのです。

私はブログを書いて市場（読者）に評価され、今は出版社からも本を出すようになりましたが、出版界も「やってみて、決める」方式に移行しつつあると感じます。昔は編集者が、「この人に書いてもらおう」と最初に著者を決め、その人と一緒に作品を作り込んでいました。しかし今は、「とりあえずネットに文章を書いてみてください。人気が出たら、出版提案を持って行きますから」というスタンスの編集者もたくさんいます。

こうなると、「とりあえずやってみる」人が得られるチャンスは、慎重に作り込む人が得られるチャンスより、はるかに大きくなります。誰も読んでくれないかもしれないけど、とりあえずネット上に文章を書いてみる人、誰も使ってくれないかもしれないけど、とりあえずアプリを作ってみる人、誰も買ってくれないかもしれないけど、とりあえずイラストスタンプを作ってみる人、成功するかどうかわからないけど、とりあえず起業をしてみる人のほうが、「やってみて決める」世界では、チャンスをつかみやすいのです。

たしかに、「とりあえずやってみる」方式の市場では、箸にも棒にもかからないモノがたくさん現れます。しかしどんなモノでも、組織における意思決定のように、「なかったものにされる」ことはありません。支持者が少なくても、少数から熱烈な支持をうけるニッチ商品として残ることもできるし、何かのきっかけで、急に支持が高まることもあります。一度切り捨てられると、逆転が極めて難しい組織による評価とは異なり、トレンド変化の早い市場のほうが敗者復活のチャンスも大きいので、成功確率の低いことでもどんどん「やってみる」方式のほうが、より有利になっているのです。

このような、評価や意思決定プロセスにおける組織型から市場型への移行という変化を理解し、できるだけ早く市場型のアプローチに慣れていくことが、今後はすべての人にとって重要になるでしょう。

その4 失敗と成功の関係を理解する

マーケット感覚を鍛えるための4つめのポイントは、成功と失敗の関係を正しく理解することです。日本人はよく、「シリコンバレーは失敗に寛容だが、日本社会は失敗した人を許さない」と言いますが、この理解は完全に間違っています。シリコンバレーは失敗に寛容なのではなく、「失敗経験のない人など、まったく評価しない」のです。

なぜなら「失敗経験がない」ということは、「これまでの人生において、チャレンジをしてきていない」と見なされるからです。「できる範囲のことしかやってこなかったのでは？」「高い目標を掲げた経験がないのでは？」と疑われるのです。

また、失敗経験のない人は「成功するのに必要な学びを得ていない」とも思われます。失敗から得られる学びは非常に大きく、成功のために不可欠な経験と考えられているため、一流大学を出ていても失敗経験のない人は、学びの量や質が足りていないと判断されてしまいます。

このためしばしば若者は、「早く失敗しろ」とせかされます。「できるとわかっていることばかりに時間を使わず、できないかもしれない大きな目標に早くチャレンジしろ。もちろん失敗するだろうが、話はそれからだ」というわけです。

日本で使われる「失敗に寛容」「失敗を許す」という言い方には、「失敗は悪である。悪ではあるが、1回くらいは許してやるべきだ」とか、「失敗は悪いことだが、罰するほどではない」というニュアンスが含まれています。しかし、失敗は悪いことだという認識自体が、もはや時代遅れです。

図28を見てください。何かにチャレンジしたとき、その結果が成功と失敗に分かれると思っている人がいますが、これは大きな誤解です。こんな考え方をしていると、失敗と成功の確率ばかりが気にかかり、「失敗するかもしれないことにはチャレンジしない」とい

図28 「失敗」に関する誤った位置付け

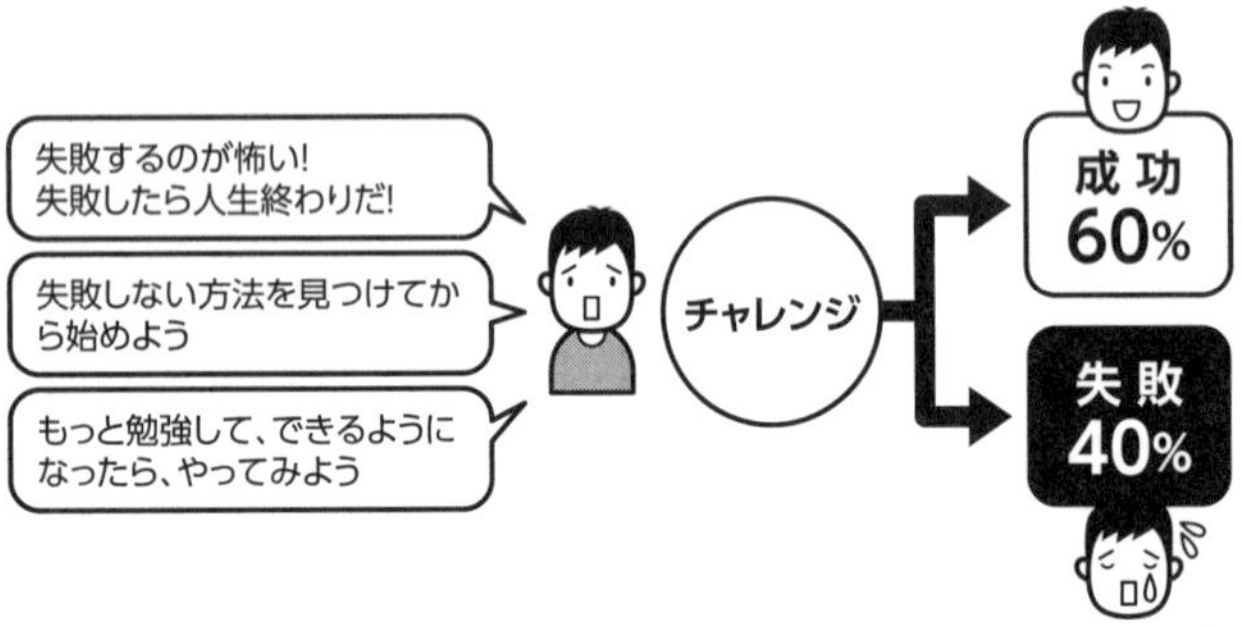

う結論になってしまいます。

失敗と成功の正しい関係は、図29にあるように、時系列で連続的な関係です。すべては失敗から始まり、少しずつ成功に近づいていきます。その過程で鍵となるのが、失敗から得られる学びです。つまり、チャレンジの結果が成功と失敗に分かれるのではなく、失敗とはスタート地点から成功までの途上に存在する学びの機会なのです。

とはいえこんな図を使わずとも、みんな、失敗と成功の関係はよくわかっているはずです。自らの実体験を振り返ったとき、「一度も失敗せずに、大きな成果が出せた」などという経験が、これまでにひとつでもあったでしょうか?

図29 「失敗」は「成功」に不可欠なステップ

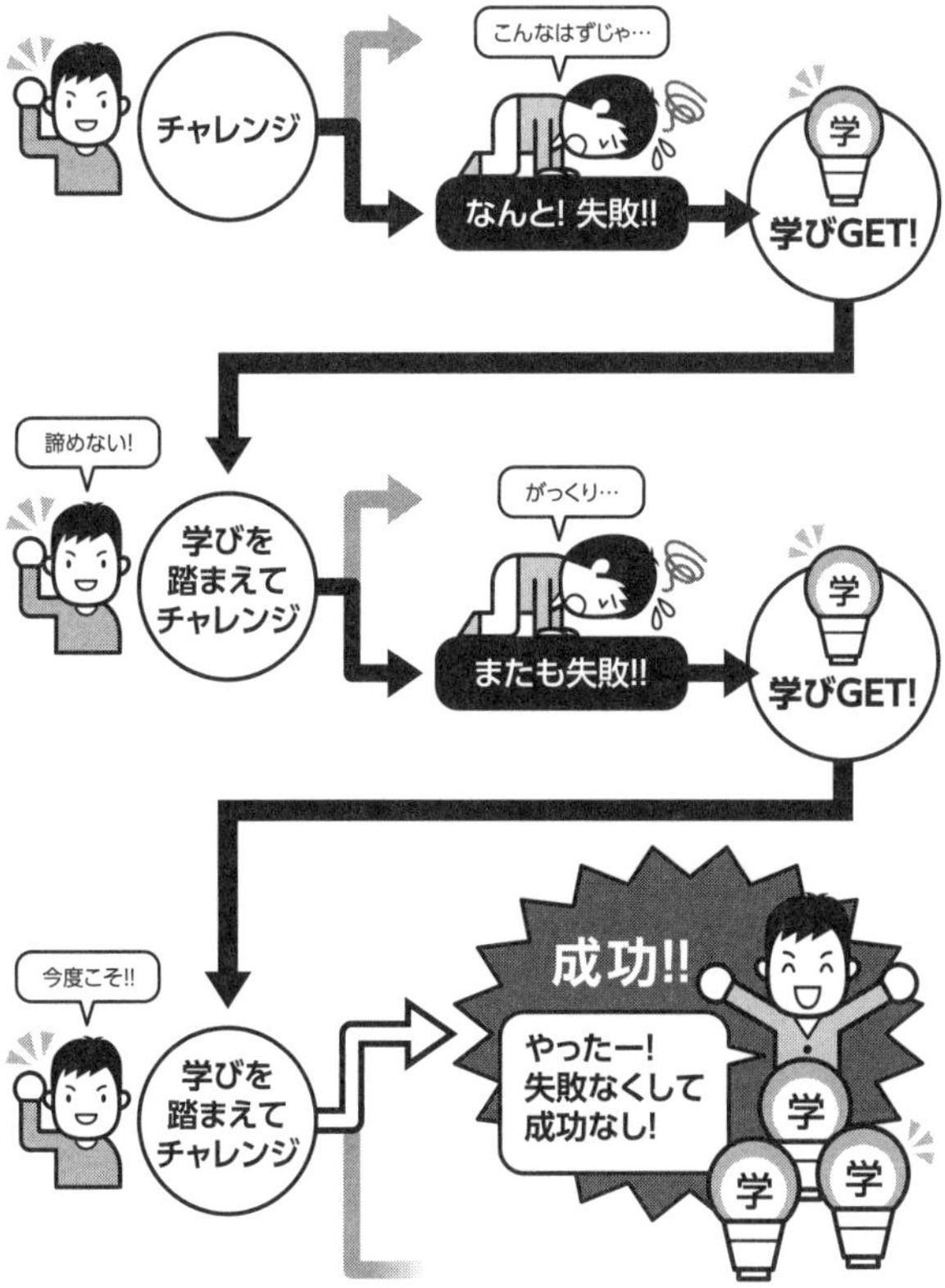

自転車に乗れるようになる過程で、何度も転びましたよね？　料理が上手な人は、数え切れないくらい火傷をしたり、指を切ったりしたはずです。何かに秀でている人で、失敗せずにそれらを身につけた人などいないのです。

日本の災害対策は世界トップクラスと言われますが、これは、日本が世界有数の災害大国だからです。大きな被害が出るたびに、建築基準法や消防法が改正され、より安全な工法や資材が開発されてきました。失敗を経て成功につながっている典型例です。

１９９５年に起こった阪神・淡路大震災では、幹線道路の通行規制をしなかったために大渋滞が起こり、消防車が火事の現場に長時間たどり着けないという事態が起こりました。この失敗をもとに、その後は各地の自治体で、非常時の幹線道路において緊急車両の走行を優先する法的な手当がなされました。私たちはこんなに当たり前に思えることでも、失敗しないと気がつかないのです。

技術に関しても、新技術が実用化され、私たちの生活に役立つようになるまでには、いくつもの失敗が必要です。今は脳外科手術を受ける人も珍しくありませんが、最初に人間の頭にメスを入れた医師の勇気には恐れ入ります。世界初の外科手術が行なわれたときには、きちんとした麻酔技術もありませんでした。そういった「ありえないように思える数多くの（今から振り返れば実験的な）外科手術」のうえに、現在の医療技術は確立されているのです。

その過程では、現在なら救われたであろう多くの命が失われたはずです。しかし、だからといってその時点で外科手術を禁止していたら、今の医療は存在しません。先端技術は多くの失敗を経て安全性が高まり、より進化します。個人の成長も技術の進化も同じです。「失敗する可能性の高いことはやらない」という考え方は、進歩を止めてしまうのです。

学びに不可欠なふたつのステップ

何かを学ぶ際には、ふたつのステップを経ることが必要です。ひとつは、組織から学ぶこと、もうひとつが、市場から学ぶことです。組織からの学びには、学校に通って学ぶ方法と、会社に入って上司や先輩の指導を受け、研修に参加して学ぶという方法があります。一方、市場から学ぶ方法は「やってみて、失敗し（もしくは拒否され）、その失敗や経験から学ぶ」という形になります。

なんであれ成果を出すためには、「正しい方法を習い、反復練習で覚える」というステップと、「学んだことを実践し、現実的な環境下で成果が出せるよう経験を積む」というふたつのステップが必要です。

テニスを覚えるとき、スクールで正しいフォームを習い、何度も練習して完璧な素振りができるようになっても、実戦に参加したら最初はまったく勝てませんよね。仕事も同じで、大学院で機械工学の修士号をとっても、自動車会社に入った初日から、エンジニアとして一人前の仕事ができる人など存在しません。

私たちが何かについて「できる」と言えるレベルに到達するためには、学校的な「習い、覚える」学びに加え、市場的な「実際にやってみて、できるようになる」という学びも不可欠なのです。

ところが中には、最初のステップである「学校での学び」を延々と続け、いつまでも「市場での学び」というふたつめのステップに移行しない人がいます。そういう人にとっては、「学ぶ場所」として思い浮かぶのが、学校と研修プログラムだけなのです。これではいつまでたっても、成果が出せるようにはなりません。

特に学校で教えられている内容は、市場化する社会の変化に追いついていません。今や「読み書きそろばん」といった基本的な分野でさえ、求められる能力が、以前とは大きく変化しているのです。

たとえば「読む能力」に関して、今、重要になりつつあるのは、「何を読むか」を判断する力です。昔の学生は、読むべきものを自分で選ぶ必要はありませんでした。誰でも簡単に手に入る形になっている情報、すなわち、書籍化されている情報は、出版社なり教育機関なりが「読むべき価値のある文章」として、選別したものだけだったからです。

だから、高校生ならコレを、大学生ならコレを読むべきといった古典や名著が各分野に存在しました。そういう時代に学生に求められたのは、高度な内容の書物を読むための読解力であって、「何を読むべきかを自分で判断する能力」ではありませんでした。

ところが今は情報が溢れかえっており、その質も大きくばらついています。真偽の不確かな情報、読み手を惑わすために書かれた文章、思想的、政治的に大きく偏った文章が、立派な書籍の形で手に入ります。「本に書いてあるのだから正しいのだろう」などと思っていては、知らず知らずのうちに偏った考えを刷り込まれてしまいます。

そんな環境を生きるこれからの人に必要なのは、「何を読むべきかを自分で考え、取捨選択する」力です。学校や出版社など、組織が「学生が読むべき文章はコレである」と決めてくれていた時代が終わり、ひとりひとりの読者が、「自分はコレを、読むべき価値のある文章だと思う」と判断し、その声の総体が「市場が読むべきと推薦する本」を押し上げる時代になったのです。

図30　学校で学ぶ vs. 市場で学ぶ

自分で何を読むべきか選択しようとすれば、当然に失敗が起こります。熱心に読んでいたものが、ものすごく偏った情報だったと後から気づくこともあれば、読むタイミングを逸してしまい、もっと早く読んでおくべきだったと後悔する本もあるでしょう。

しかしそういう経験こそが、「必要な情報を自分で探し、取捨選択する能力」を鍛えてくれるのです。それなのに学校で与えられる情報は今でもすべて、「これを読めばよいですよ」と誰かが選んでくれた文章です。そんな場所で、これからの世の中に必要な能力が身につくでしょうか？

「自分はもっと学ぶ必要がある」と気がついたら、学校という最初のステップに戻るのではなく、市場で学ぶという二番目のステップに進みましょう。他の人に比べて自分は成長が遅いのではないかと思う人の多くは、勉強が足りないのではなく、市場での実践経験（失敗から学ぶ経験）が足りないのです。

特に、失敗を成功の反対概念と捉え、避けるべきものだと考えていると、失敗を怖がるあまり、市場での学びのプロセスになかなか踏み出せません。結果として「できるようになるまで学校で学び続ける」とか、「できることとしか、実践しない」人になってしまいます。それでは、できないこと、できそうもないことに積極的にチャレンジし、さまざまな失敗を経ながら成長を続ける人とは、大きな差がついてしまうでしょう。

フィードバックを得ることが目的

子供の頃は誰でもよく叱られます。私も親に叱られ、先生に叱られ、時にはお店の人からも叱られました。会社に入れば上司に叱られたし、新人の頃には、取引先の方からも叱られました。ところがその後は、叱られる機会が急激に減ってしまいます。

親や先生は、子供を成長させるために叱ってくれます。上司も部下を育てるため、指導の一環として新人を叱ります。しかし誰かを叱るのは、誤解されたり逆恨みされたりする可能性もある面倒な行為です。だからできればみんな、他者を叱りたくなどありません。

このため一定の年齢をすぎると、自分の行動に対して率直なフィードバックを得ることが極めて難しくなります。職場でもある程度のポジションになれば、よほどのミスをしたときしか叱られません。忌憚《きたん》のないフィードバックを得ようと思えば、自分で叱ってくれる人を確保する必要が出てくるのですが、そんな人を探すのは容易ではありません。二〇代、三〇代までは、ほぼ誰でも成長できるのに、四〇代になると成長が難しくなるのはこのためです。

このときに役立つのが市場です。市場に向き合ってさえいれば、誰でも、そして何歳になっても率直なフィードバックが得られます。たとえば多くの場合、「これは売れる！」と思ってもまったく売れないし、「これなら注目を集めるはず！」と思って発表しても、話題にさえなりません。市場は言葉ではなく結果で、厳しいフィードバックを突きつけてくるのです。

しかし、「市場でモノを売る」というのは、「売ってみて、売れるかどうかを見て終わり」ではありません。「これでは売れませんよ」という市場からのフィードバックを得、商品や売り方を改善するために「売ってみる」のです。つまり、成功するためではなく、成功に不可欠なヒントを得るために、市場と向き合うのだと考えればよいのです。

ブログを通じて、ひと冬で5千枚以上もの電気膝掛けを売った私も、生まれつき商才に恵まれていたわけではなく、市場からのフィードバックをもとに、試行錯誤を繰り返して学んできました。

あるときツイッターで、「小さな子供のいる主婦の私は、家の中をずっと動き回っているので、こんな電気膝掛けは役立たない」という反応がありました。私はこれをきっかけに、「この電気膝掛けは、同じ場所にずっと座っている受験生やプログラマーに特にお勧めです！」という一文を追記しました。立ち仕事の多い主婦に使いにくいという意見は、反対からみれば、動きの少ない人に最適な商品だということです。だったらそこを強調すれば、売れやすくなるだろうと学べたのです。

市場から学ぶという概念が理解できていない人は、「主婦にはこんなモノは要らない」と言われると、「そうか、要らないのか」と落ち込みます。しかしそれでは前に進めません。せっかくのフィードバックなのだから、ありがたく受け取って、より売上を伸ばすために活用すればいいのです。

今はやりのクラウドソーシング（42頁参照）でも同じです。あんな仕組みで最初から、単価の高い仕事がたくさん受注でき、十分な生活費が稼げる人など、いるわけがありません。クラウドソーシングでは、商品紹介や感想など文章を書く仕事の募集もありますが、報酬は数百字の記事をひとつ書いて100円前後です。これでは、朝から晩まで働いても食べていけるようにはならないでしょう。

しかし、最初から「報酬が低すぎるから、やってもしかたない」と思う人と、「報酬は低いけど、市場から学ぶためにやってみようかな」と思う人では、最終的な学びの量に大きな差が出ます。どんな仕事でも、やってみないと気がつかないことがたくさんあります。

しかも、そうやって得られる市場からの学びは、クラウドソーシングで受注した仕事から得られる金銭的な報酬より、よほど価値が高いのです。

自分には何の取り柄もないと思う人ほど、早めに市場に向き合い、積極的に市場から得られるフィードバックを活用しましょう。「失敗しないよう十分に準備する」とか「うまくできるようになるまで勉強する」のではありません。そんなやり方では準備と勉強だけで一生が終わってしまいます。そうではなく、「とりあえずやってみる→失敗する→市場からフィードバックを得る→それを参考にして、もう一度やってみる」というプロセスをできるだけ何度も繰り返すことが重要なのです。

成功への標準プロセスが変わる

多くの分野において、成功するための標準プロセスが、市場化という方向で変化し始めています。これまで「小説家になりたい」人は、有名雑誌が主催する文学賞や新人賞に応募をするのが王道でした。これは、「組織に選んでもらう」というアプローチなので、賞の審査員である大御所の先生たちに気に入られるかどうかがすべてです。候補作にも入れない作品は、発表の機会を与えられず、「なかったこと」にされてしまいます。

一方、賞に選ばれた著者には出版社の担当編集者が付き、次回作の構想や売り方なども考えてくれるので、書き手は作品作りだけに集中できます。これは小説だけでなく、漫画家の世界でも同じです。

でも市場化が進んだ今の社会では、まったく別のアプローチも可能になりました。自分の文章を、組織を通さず市場に開示し、市場からのフィードバックを得ながら（＝失敗しながら）、書く内容や、書き方を改善していくという方法です。

この方法では、書き手にはふたつの能力が求められます。ひとつが文章力、そしてもうひとつが、マーケット感覚です。誰でも個人で発信できる時代が来たと言われますが、マーケット感覚がないと、せっかく発信しても多くの人に届けることができません。

このとき大事なのが、失敗してもいいので、作品をどんどん市場に出すことです。文学賞に応募するなら（もしくは漫画雑誌に自分の作品を持ち込むなら）ある程度の質まで仕上げてから応募するのが当たり前ですが、市場に出すなら未完成の段階で市場に出し、フィードバックを得て改善していくほうが早道です。

たとえば小説家志望で、プロットは考えたし第1章は書けたけれど、その後がどうしても進まない、という状態になったら、その時点で第1章だけをネット上に開示してしまってもいいのです。そうすれば、第1章の内容についても、そして今後の展開についても、市場からのフィードバックが得られます。「続きが読みたい!」とひとりでも言ってくれればモチベーションも上がります。おそらく1人で悶々と悩んでいるより、よほど効率的でしょう。

とりあえずやってみて、どんどん失敗しながら市場からフィードバックを受け取り、進化していくという新しい成功のプロセスは、YouTubeやニコニコ生放送を使い、歌やダンスを披露している人たちにも使われています。長い間1人のクリエイターを追っていれば、その人のアップロードする作品が驚くほど進化していることに気づくはずです。その進化は、誰か大御所の先生に指導を受けて起こったのではなく、市場からのフィードバックを得て本人が起こした進化なのです。

このように今や「市場から学ぶ」「失敗から学ぶ」という方法は、「学校で学ぶ」「研修プログラムの整っている会社で学ぶ」と並ぶ、メジャーな学びのプロセスになりつつあります。特に、起業家やフリーランス、アーティストなどの仕事は、最終的には「市場で生きていく」という働き方です。スタート地点であれこれ考えているより、さっさと市場に向き合い、さっさと失敗を重ねましょう!

その5 市場性の高い環境に身を置く

マーケット感覚を身につけるための5つめのポイントは、環境には固有の「市場性レベル」があることを理解し、意識的に市場性の高い環境を選ぶということです。

市場性の高い場所とは、需要者と供給者が価値を交換する現場や、人間のインセンティブシステムが直接的に働く場所、組織的な意思決定ではなく、市場的な意思決定方法が採用されている環境のことです。

たとえばコンビニやスーパーマーケットでアルバイトをすると、客が財布からお金を出す瞬間＝価値の交換が行なわれる現場を目の前で見ることができます。人はどんなときに、どんなモノに、いくらのお金を出すのか。そのお金と交換される価値はどんな価値で、それを欲しがる人のインセンティブシステムはどういう仕組みなのか。「お金がチャリンと鳴る瞬間」を日々見ることができ、それによってマーケット感覚が身につくのです。

それらは、大企業の管理部門や研究部門で働いていても、なかなか目にすることができない光景です。私は学生時代に、家庭教師やコールセンタースタッフ、赤提灯の居酒屋からハンバーガーショップ、コンビニの店員など、さまざまなアルバイトを経験しました。

このときの経験、特に世界展開をしている飲食や小売りチェーンで働いた経験は、マーケット感覚を鍛えるのに大いに役立ちました。

市場化する社会においては、たとえ学者や医者になる人であっても、マーケット感覚が必要になります。それがなければ、国から研究予算を獲得することもできません。子を思う親心は理解できますが、「お金は出してあげるから、学生時代はバイトなどせず、勉強に集中しなさい」などと言っていると、貴重な学びの機会を奪ってしまいます。

私が学生に、最初から日本の大企業や公的機関で働くのを勧めない理由も同じです。大きな組織になればなるほど分業が進み、市場から遠い部門で働く人が多くなります。組織が整っていないベンチャー企業や、ラーメン屋などの自営業の場合、社長からアルバイトまで、全員が常に市場に向き合っているのとは対照的です。

また経営判断の迅速な外資系企業は、日本企業より市場性が高い傾向にあります。彼らは、自社が価値を提供できないと判明した事業や地域からは、早々に撤退します。いつ日本から撤退してしまうかわからないわけですから、営業部門だけでなく、管理部門や技術部門で働く人も、強く市場を意識させられるのです。

ソーシャルネットワーキングサービス（ＳＮＳ）の中にも、市場性の高いサービスと、そうでないものがあります。ブログとツイッターは、不特定多数の発信者と受信者を結びつける、極めて市場性の高いＳＮＳですが、フェイスブックやＬＩＮＥは、知り合い間でのコミュニケーションツールとして使い始められる、相対取引的なＳＮＳです。

市場性の高いブログやツイッターでは、無名の人が有名になったり、フォロワーが数名しかいない人の発言でも、リツイートされ続け、何万人にも読まれたりします。しかしフェイスブックでは、もともとリアルな社会で成功している人しか影響力を持てません。ブログを書いて市場から評価されるのは簡単ではありませんが、フェイスブックなら初日から友人の反応がもらえます。「いいね！」が得られるかどうかは、発言のおもしろさではなく、知り合いの数によって規定されるからです。

このためマーケット感覚を鍛えるには、ブログやツイッターのような、市場性の高いＳＮＳで発信するほうが役に立つし、コミュニティ内での人づき合いスキルを高めるには、フェイスブックやＬＩＮＥのほうが向いています。このように、世の中には市場性が高い場所と低い場所があるので、自分が鍛えたい能力の分野に応じ、どのタイミングでどこに身を置くべきか、意識的に選んでいくべきなのです。

ニート向けの本を１７００円で売る出版界

市場性レベルという意味でユニークなのが、書籍の出版業界です。というのも、本の価格は一般的な消費財のプライシングとはまったく異なる原理で決められているからです。たとえば、日本一のニートを標榜するｐｈａさんの『ニートの歩き方　お金がなくても楽しく暮らすためのインターネット活用法』は１７０６円で、大和彩さんの『失職女子。私がリストラされてから、生活保護を受給するまで』は１５１２円です（いずれも８％の消費税込み）。

本の妥当な価格についてはさまざまな意見があるでしょう。しかし、お金がなくとも楽しく暮らす方法に関心のある読者向けの本が１７００円、生活保護の受給体験を知っておきたいと考える人に向けて作られた本が１５００円というのは、皆さんのマーケット感覚からして妥当な値段でしょうか？

普通、消費財のプライシングをするときは、ターゲット顧客のプロフィールを細かく想定し、彼らが妥当と思える価格を設定します。しかし書籍の価格は、重版がかからなくても（＝あまり売れなくても）、初版本の製作コストがまかなえるレベルに設定されることがよくあります。これは、市場側からではなくコスト側からの価格設定で、電力料金など公共料金の決め方と同じです。

しかも1冊あたりの印刷コストは、部数が多ければ多いほど低く抑えられるので、最初から売れるとわかっている著者の本（過去にベストセラーを出しているなど、実績のある著者の本）ほど、安い価格に設定できます。

さきほど紹介したニート向けの本と生活保護受給の体験記は、それぞれの著者にとって初めての著作です。このため出版社側は「ほとんど売れなくても大赤字にはならない価格」をつけようとし、このため、ターゲット読者層からみれば（＝市場から見れば）、ありえないような高価格本となってしまったのでしょう。

誤解のないように書いておくと、出版界自体は非常に競争の激しい、市場性の高い環境です。ごく一部の本だけが大売れし、大半の本はほとんど売れない、まさに弱肉強食の世界です。だから編集者も営業担当者も、売上部数にはとても敏感です。

でも、価格は公共料金のような決められ方をしていて、通常、売るために最も大事な機能である「価格付け（プライシング）」についてのノウハウを持っている人が、業界内にほとんどいません。

さらには、「書籍は価格弾力性の低い商品だから、価格を変えても売上は大きく変わらない」という人までいます。たしかに本をよく読む人のなかには、「本を買うときに価格を気にしたことはない」という人もたくさんいます。しかし最近、市場全体としてはそうではないということが、キンドルなど電子書籍の登場によって証明されました。

電子書籍では、セール価格になった書籍の売上が瞬時に跳ね上がります。顧客は書籍に関しても、価格に対して非常に敏感なのです。とはいえ出版界の人にその感覚が欠けているのは、彼らの元々の能力の問題ではなく、業界の（価格に関する）市場性レベルが低いという、環境の問題です。そして今後その環境は、電子書籍の普及により急速に変わっていくでしょう。

おそらく現時点で、書籍のプライシングについて最も鋭いマーケット感覚を持っているのは、アマゾンのキンドル部門の担当者だと思いますが、カドカワなど一部の出版社も、積極的に電子本のセールを行ない、売上データを蓄積しつつあります。消費者側にも「この本が欲しいけれど、セールを待とう」と考える人が現れるなど、今までより本の価格に敏感な人が増えるでしょう。そして5年もたてば多くの人が、ニート向けの本や生活保護の体験記を１５００円以上で売ることに、直感的な違和感を持つようになるはずです。

このように環境の市場性が高まれば、そこにいる人のマーケット感覚も鍛えられます。

自分が今いる環境が市場化することを怖がる人も多いのですが、マーケット感覚を鍛えるチャンスが訪れるわけですから、むしろそれは朗報として迎えられるべきなのです。

市場性が極めて低い学校

市場性が極めて低い場所のひとつが、学校です。特に日本では、どんなに授業がおもしろくなく、学生の学びに役立たない先生でも、そのために給与が下がったり、解雇されたりすることは、まずありません。必須科目ならどんなにつまらない授業でも、全学生が受けてくれます。

だから就活に失敗した人が留年したり、大学院へ進学して就活をやり直すというのは、とても馬鹿げたことなのです。なぜなら、就活が不調に終わったということは、マーケット感覚が不足していた可能性が高いのです。だったらそれを身につけるのに最も向いていない学校に居続けるより、さっさと社会に出てマーケット感覚を養ったほうがよほどマシでしょう。

一方、海外の学校には、マーケット感覚に優れた学校がたくさんあります。特に、市場での生き残り方を教えるのが本業のビジネススクールは、自校の運営においても、そのスキルを大いに活かしています。

私はアメリカのビジネススクールを卒業しましたが、そのときに得た最も重要な学びは（授業の内容などではなく）、欧米の学位ビジネスのしたたかさでした。最も儲かるエグゼクティブMBAというプログラムなんて、最大の提供価値が「他のエグゼクティブと知り合える機会」なので、教授はいちいち細かいことを教える必要さえありません。

そこでは学生として集まった企業の幹部候補生たちを、お互いに「同級生として知り合わせる」ことの対価として、超高額な学費が課されています。これは、学校が売ることのできる価値が、授業の内容だけではないことを示す好例です。

最近、世界の大学ランキングにおいてシンガポール国立大学の躍進が続き、東京大学の持つ「アジアの大学では1位」の地位が脅かされています。関係者は、9月入学だ、英語で授業だなどと慌てふためいていますが、重要なのは小手先の施策ではなく、市場における自校の価値を再定義し、それをターゲット顧客に高く評価してもらうためのマーケット感覚です。

学校が提供する価値には、最先端の知識や知見に加え、学位（卒業証書）、価値ある同窓生とのネットワーク、極めて容易に社会の信頼が得られる「学生という立場」など、さまざまなものが含まれます。アジアからの留学生にとっては、日本に滞在できる権利（学生ビザ）や、日本企業へのアクセスも大きな価値でしょう。

大学関係者が考えるべきは、「教育の質を上げる」ことや「グローバル人材の育て方」だけではありません。そもそも自校は誰に、どんな「価値」を提供すべきなのか、自分たちの提供価値についてしっかりと考える必要があるのです。

日本の教育関係者は欧米の学校に留学し、教科書の内容を学ぶのではなく、学校経営の仕組みをこそ学んでくるべきです。市場性レベルの低い日本の学校で働く人には、大いに役立つことがたくさんあるはずです。

公的分野の人にも必要なマーケット感覚

都市と地方の市場性レベルも大きく異なります。多くの地方では、公務員やインフラ企業、銀行や新聞社など規制業界の存在感が非常に大きいですよね。本来自営業である農業でも、ＪＡなど組織の影響力が大きく、建設業界も、収入の多くを公共事業に頼っています。このため地方では、環境の市場性が都市に比べてかなり低いのです。

ところが潜在的な価値の源は、都会よりむしろ地方のほうにより多く存在しています。

大都市圏にはマーケット感覚の鋭い人が多いため、価値が大きなものは、すでに顕在化して（市場化されて）います。ときには、残された価値に対して大勢の人が一斉に市場化に乗り出すため、すぐに過当競争に陥ります（つけ麵屋もシェアードオフィスも、すぐに過当競争になりました）。

反対に地方では、潜在的な価値がゴロゴロしているのに、それに気づき、市場化しようという人が足りていません。このため学生時代に都市部でマーケット感覚を鍛えた人が、UターンやIターンで戻った地方で何かを始めるというパターンは、構造的に成功しやすいアプローチとなっています。

最近はそれに気づいた若者が地方に戻り、特産品をネットで売り出したり、都会で起業した人が地方の価値ある企業と組み、その商品を都市部や海外で売り出すなど、新しい形の地方興しの事例が増えています。

市場性が高い都会はマーケット感覚を鍛える場所、価値の素が多い地方は、それを活用して価値を生み出す場所と考えれば、地方再生の方法論としても有効だし、マーケット感覚に優れた人と一緒に仕事をすることで、地方でもその感覚を身につけようとする人が増えてくるはずです。

国についても市場性の高い国と、低い国があります。秋葉原のオタクカルチャーや食に関しては、東京は世界レベルの競争力を持っています。これは第4章でも書いたように、日本の消費者が非常に高いレベルの選球眼やこだわりを持っているからです。

ところが、長らく東京が掲げる「アジアにおける、国際的な金融センターになる」という目標や、「アジアのハブ都市になる」といった関西経済圏のスローガンは、まったく成功しないまま立ち消えになっています。このように日本は、消費者のレベルは高いのに、政策を立案し、実行する行政組織のマーケット感覚が足りていません。

人材獲得市場でも、日本は競争力がありません。シリコンバレーのように異能の人材を世界から呼び込むことも、シンガポールのように世界の富裕層を惹きつけることも、さらに最近は、有能な介護スタッフや建設現場で働く人をアジアから惹きつけることも、できていません。

日本がこういった競争で勝てないのは、それを主導している公的部門の人たちに、マーケット感覚が不足しているからです。特に、マーケットに関心のない人、その意義を理解できない人ほど公的部門を選んで就職する傾向にあるため、官公庁は大半の問題を、市場原理ではなく規制で解決しようとします。

しかし国家や都市は（もちろん町や村も）、今や企業や個人と同じように、グローバルな市場参加主体のひとつとなっています。今までは、たまたま生まれた国に住み、その国で学校に通い、卒業したら同じ国で働くのが当然のことでした。というより、それ以外の選択肢は与えられていませんでした。

しかしこれからは、働く企業を選ぶのと同じように、住む国を選ぶ時代になります。すでにグローバル企業は、起業した場所にこだわらず、能動的に本社を置く国を選び始めています。

都会でマーケット感覚を身につけた人が、潜在的な価値が多く眠る地方で活躍するパターンと同じように、起業経験や海外在住経験がある人を、公的部門での重要ポジションに抜擢すれば、農業や医療も含め、潜在的価値が大きいまま放置されている日本の各分野は、急速に成長できるはずです。

今の公的部門には、子供の頃から「社会のために役立つ仕事をしたい↓だから公務員になる」という直線的な思考で仕事を選び、一度も営利企業に関心を持ったことのない人がたくさん働いています。でも本来は、「社会のために役立つ仕事をしたい」人こそ、まずは市場性の高い環境で働くべきなのです。

もちろん、公的部門の中でしか学べないこともあるでしょう。しかし、以前は公的部門の特権のように言われた「長期的な視点」に関してさえ、今や営利企業から学べることが増えています。宇宙開発、バイオ、人工知能といった、膨大な資金が必要でリスクが大きく、超長期でないと投資回収ができない基礎研究分野への投資は、これまで国家以外には不可能だと考えられていました。しかし今、財政危機に直面する国家の予算はどこも苦しく、政権が変わると（事業仕分けなどが行なわれ）、特定分野への投資がいきなりストップすることもあります。

一方、グーグルやアップル、アマゾンにソフトバンクなど多くの民間企業が、強い意志と確固たる長期ビジョンを持ったリーダーの下、人工知能など多額の投資が必要とされる分野への投資を進めています。ジェフ・ベゾス氏やエリック・シュミット氏、孫正義氏らの資金調達力や先見性、長期的な視野の持ち方が、国家（の運営者たち）に劣ると、私たちは断言できるでしょうか？

短期的に成果が上がらなくても、周りが大反対しても、信念に基づいてこれぞという分野に集中して長期的に投資を続ける。そういうことが得意なのは、米国政府や日本政府の政治家や官僚なのか、それともグローバルな起業家なのか？　微妙なところだと思いませんか？　そういった民間企業でマーケット感覚を身につけた人の知見は、国の科学技術政策の立案や運営にもきっと役立つはずなのです。

図31 市場性の高い場所、低い場所（例）

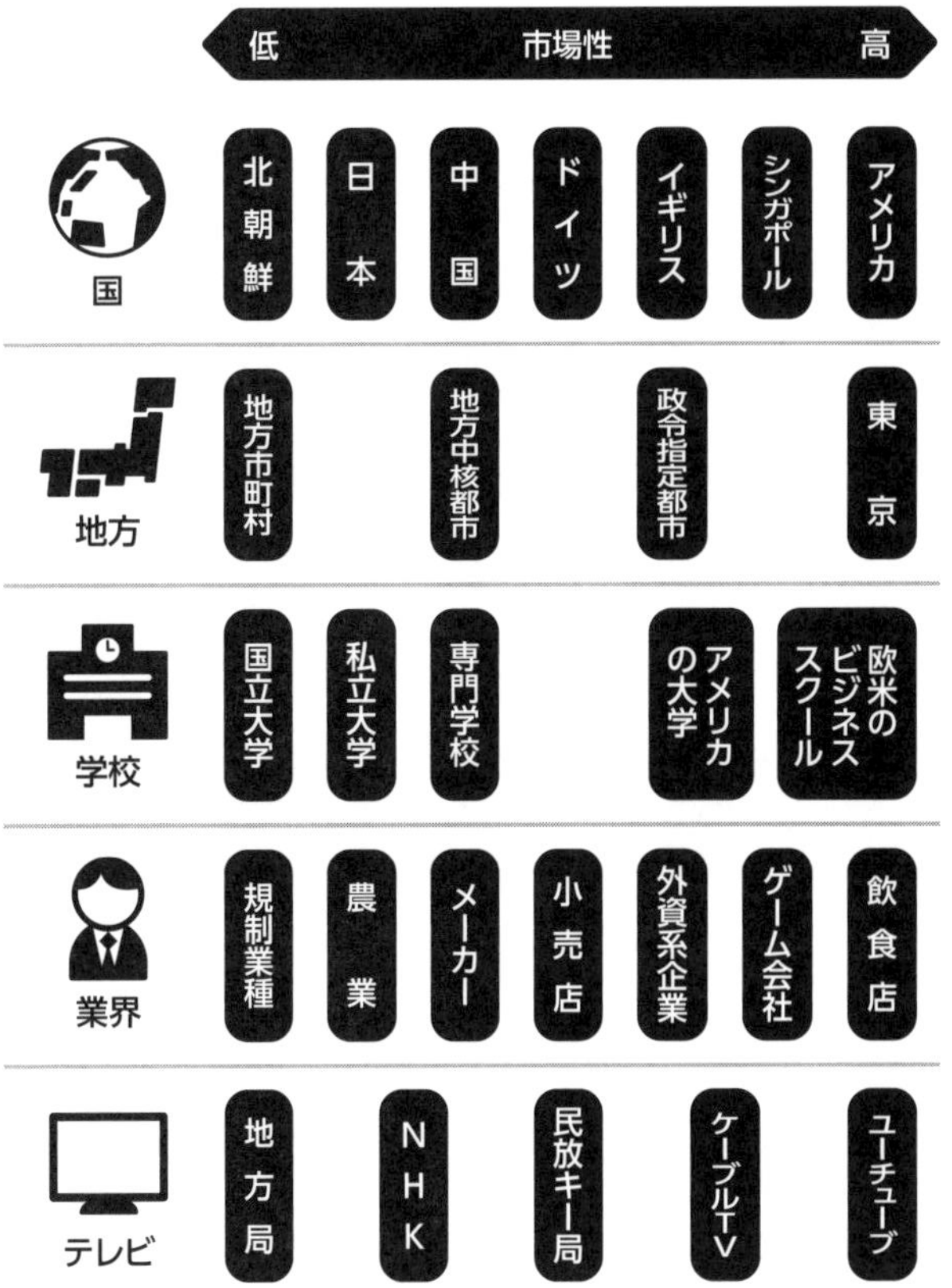

このように、国であれ企業であれ学校であれ、世の中には市場性の高い環境とそうでない環境があります（図31）。公的な仕事がしたいと考える人も、研究に人生を捧げたいと思う人も、アートで食っていくのだと決めた人も、すべての人が、「自分はいつ、どこでマーケット感覚を学ぶべきか」、キャリア形成の段階から計画的に考え、意識的にキャリア形成のプランに組み込むべきです。そしてみんな、市場性の高い場所で鍛えたマーケット感覚を活かし、もともと自分が価値を発揮したいと思っていた本来の分野で活躍すればいいのです。

終　章

変わらなければ替えられる

「そんなことを言われても、私は安定が好きで変化が嫌い。できればこのまま変わりたくない。変わらずにすむ会社や業界を探して、そこに潜り込みたい」——そんなふうに思うのは、本当にもったいないことです。

世の中はこれまでも、変化によって進化してきました。人類誕生以来なんの変化もなければ、私たちはまだ石器時代に暮らしています。変化が嫌いな人は暗い未来ばかりを想像し、恐がり、避けたがります。でも歴史が教えてくれることは、変化こそが今の豊かな社会を作ってきたということです。

平安時代には衛生的なトイレもないし、江戸時代には職業選択の自由もありません。戦前には今ならすぐに治る病気で、命を落とした子供もたくさんいました。現在の快適で豊かな社会は、不便で貧しい世の中に次々と大きな変化が起こったからこそ、できあがってきたのです。

人間も同じですよね。私たちはみんな生まれたその日から、変化することによって成長してきました。さまざまな失敗を繰り返しながら、そこから学び、自分を変えていくことでしか、「よりよい自分」に近づくことはできません。

「変」or「替」

しかも、「どんなに世の中が変わっても自分だけは（自社だけは、この業界だけは、この国だけは）、変わらないぞ！」と抵抗していると、どこかの段階で淘汰されてしまいます。「変わる」ことを拒否するモノは、「替えられてしまう」からです。

問題に直面したとき、私たちはふたつの選択肢を持っています。ひとつが状況を「改善する」こと、もうひとつは何もせず、そんな状況を「見限る」ことです。前者を「変える」、後者を「替える」と言ってもいいでしょう。

最近はグローバル化の進展を見越し、海外大学への進学を目指す高校生が増えています。東大など日本の一流大学において、まったく改革が進まず、優秀な高校生が「こりゃアカン！」と考え始めれば、つまり、東大が変わることができないなら、「日本で最も優秀な高校生が進学する大学」が海外の大学に替えられてしまうのです。

霞が関の官僚が構造改革に積極的に取り組んでいたら、優秀な学生たちは、「これからも日本は官僚がリードしていく国だ」「自分も官僚になって、日本を率いていこう！」と考えます。しかし、自分たちの保身のために担当業界と癒着し、業界と一緒になって抵抗勢力と化していると、学生たちは「今の時代、官僚になるなんてありえない」と理解し、就職希望先を変えてしまいます。「役所が変わらないなら、優秀な学生たちの就職希望先が、外資系企業やベンチャー企業にとって替わられる」のです。

日本の大企業がiPhoneのような画期的な商品開発ができず、グーグルやアマゾンのように、社会の仕組みを根底から覆すような事業を展開できずにいると、「技術でよりよい社会を実現したい！」と考える学生も、日本企業で働きたいとは思わなくなるでしょう。日本企業が変わらなければ、日本の技術系学生の志望先企業が替わるのです。

あまりに変化のスピードが遅い組織は、とても危険です。それらは、どこかの時点で見限られ、別のものに置き換えられてしまうリスクの高い組織だからです。しかも変化の遅い組織には、変化が嫌いな人ばかりが集まってきています。そんな人ばかりによって運営される組織では、そのうち丸ごと取り替えられてしまうでしょう。

市場が規制を変える

市場の力は、盤石に見える規制でさえ、こじ開けてしまいます。日本では過去20年以上、「規制緩和」という言葉が経済再生のためのキーワードでした。にもかかわらず既得権益層の強い抵抗に阻まれ、規制緩和はなかなか進みません。農業関係団体の改革について岩盤規制という言葉が使われているように、一部の規制の強固さは驚くべきレベルです。

ところがそんな規制も、市場の力の前ではあっけなく崩壊してしまいます。その好例が航空行政です。この分野も、農業同様ガチガチの規制分野です。その昔、成田空港を関東圏唯一の国際空港にすると決めた政府は、長年にわたり、羽田空港には国内線しか発着させませんでした。どんなに強いユーザーの要望があっても、規制のために羽田からの国際線発着は（ごく一部の例外を除き）実現できなかったのです。

ところが近年、状況は大きく変わりました。政府の方針転換により、羽田空港の国際線発着数が大幅に増やされたのです。そしてそれを変えたのは、政治家のリーダーシップによる規制緩和や構造改革ではありませんでした。また、革新的な新技術や、外国からの圧力によって変わったわけでもありません。この岩盤規制を変えたのは、「市場の力」だったのです。

東京の人には実感をもって想像しにくいでしょうが、日本の地方に住んでいる人にとって、これまで海外旅行に行くのは非常に面倒なことでした。彼らは最寄りの地方空港から国内線に乗って羽田空港に到着し、その後、国際線に乗り換えるため、羽田空港から80キロも離れた成田空港まで移動しなければなりません。

ところが羽田・成田間はバスで片道3100円もかかり、家族4人で旅行すれば、往復のバス代だけで2万円以上かかります（2015年2月現在。子供1人は小人料金として計算）。荷物も自分で運ぶ必要があるし、時間も片道1時間以上、しかもバスですから渋滞もありえます。

さらに国内線から国際線への乗り継ぎには長い待ち時間が発生することも多いのに、成田空港にはつい最近までマッサージ店もシャワーもなく、無料Wi-Fiもありませんでした。このように日本は長い間、地方の人が海外旅行に出かけるのに、ものすごく不便な国だったのです。

この問題を解決したのが、韓国が2001年に造った仁川《インチョン》国際空港です。仁川空港と日本の地方空港の多くは、国際線で結ばれています（2015年2月現在、仁川空港から日本の34空港に定期便が飛んでいます）。

地方の人がパリに行くとき、日本の地方空港↓仁川空港↓パリの空港という経路で旅行すれば、仁川空港での乗り換えには（同じ空港内でのターミナル移動だけですから）、バス代のような余計なコストも、時間も荷物運びの手間もかかりません。そのうえ仁川空港内には、待ち時間を有効に使える各種施設が充実しています。これなら2万円も払って1時間以上もバスに乗り、羽田から成田に移動するより圧倒的に楽ちんです。

このことが知られ始めると、日本の地方に住む多くの人たちが、「羽田↓成田経由」ではなく、「仁川経由で海外旅行に行く」という経路を選び始めました。個人でそれを選ばなくても、旅行会社がそういうツアーを企画するのですから、みんな「このルートのほうが圧倒的に便利だ！」と気がついてしまいます。

こうして、自分の国の人たちが羽田や成田を使わなくなって初めて、日本の航空行政の関係者は慌て、羽田空港の国際化に乗り出したのです（図32）。

羽田から国際線が飛べば、地方の人は羽田空港で、国内線から国際線に乗り継ぐことができます。同時期に、羽田空港のショップやレストラン街の大規模開発も行なわれました。これで、仁川経由で海外に出ていた地方の日本人旅行客も、羽田空港に戻ってくるでしょう。

このように、「便利に海外旅行をしたい」と考える日本の地方在住者が、使用する空港を羽田・成田から、仁川に替えたことで、「成田は国際線、羽田は国内線」という消費者無視の岩盤規制が「変わった」のです。

日本には他にも、なぜこんな規制が残っているのか、不思議に思えるような理不尽な規制がたくさんあります。その規制で利益を得ている人たちが、必死でそれを守ろうとするため、消費者の不満が大きくてもなかなか変えられないのです。

図32　消費者の市場選択が規制を打破！

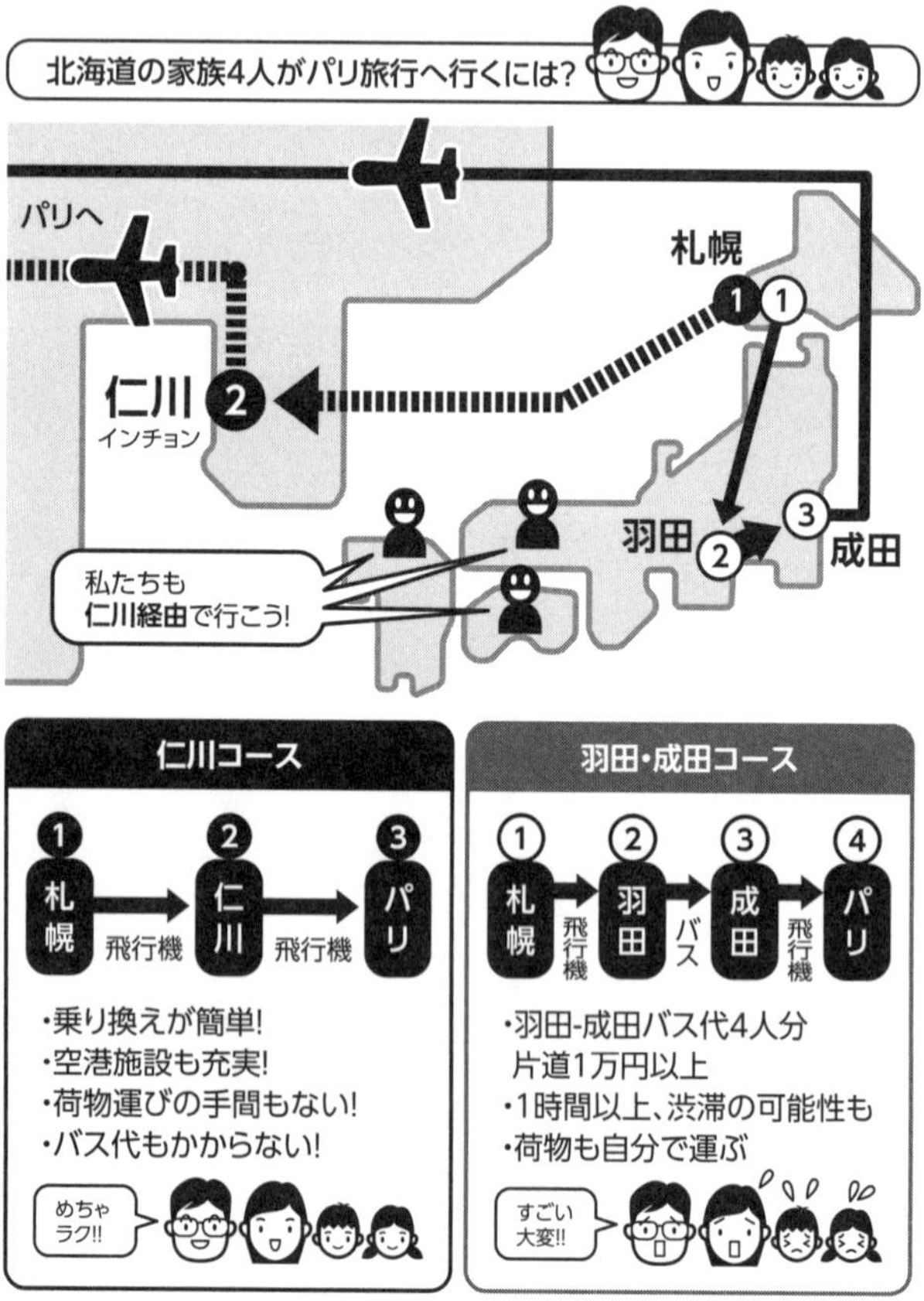

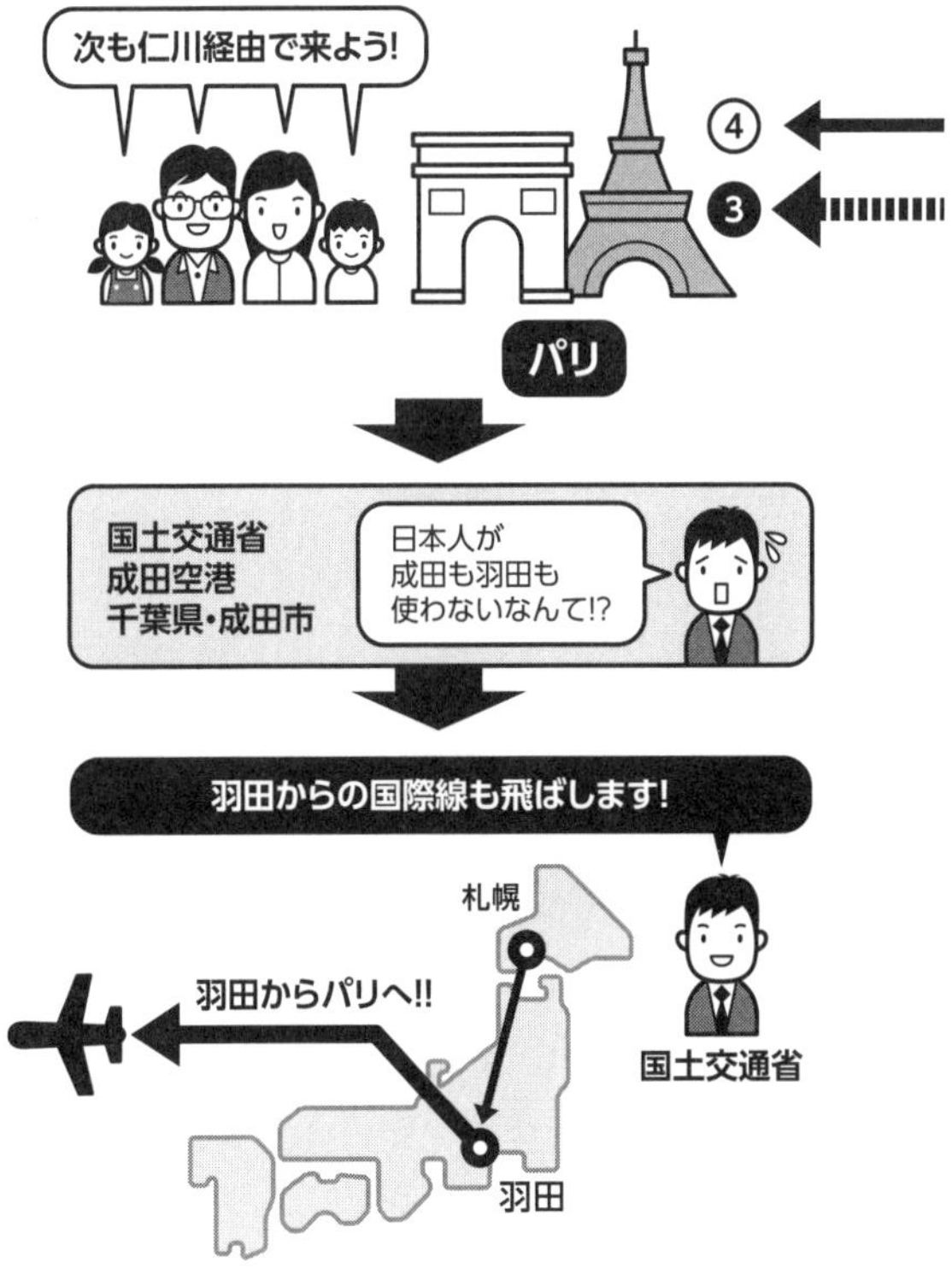
次も仁川経由で来よう!
④
③
パリ
国土交通省
成田空港
千葉県・成田市
日本人が
成田も羽田も
使わないなんて!?
羽田からの国際線も飛ばします!
札幌
羽田からパリへ!!
羽田
国土交通省

しかし、その規制のために満たされないまま放置されている市場（顧客）のニーズが、海外の企業によって満たされ、多くの日本人がそちらを選び始めたら、既得権益者たちも、それを無視し続けることはできなくなります。航空行政で起こったのと同じことが、これから他の分野でも起こる可能性は十分にあるのです。

守られているものほど危ない

今までは、「市場的でないもの」ほど、安定していると考えられていました。たとえば公務員や国家資格が必要な職業は、「国や法律で守られているのだから、将来も安定しているはず」と考えられていました。

でも、第2章の弁護士や博士の例でも見たように、市場化する社会においては、これらは将来、ものすごく大きな変化が起こる可能性の高い分野です。

なぜなら新しい技術や市場化への潮流は、そういった規制や資格に守られた「非効率で非合理な分野」をこそ狙い撃ちしてくるからです。仁川国際空港が日本の地方に住む人たちの海外旅行需要を狙ったのは、日本が長らく、羽田空港に国際線を発着させないという不自然な状態を「航空行政の安定のために」「成田空港を競争から守るために」残してきたからです。

裁定取引という言葉をご存じでしょうか。同じ価値のものが異なる価格で売られている場合、安い市場で買い、高い市場で売ってサヤを抜く（利益を得る）ことです。

質屋で、あるブランドバッグが1万円で売られており、他の質屋ではそれが2万円で買い取られているなら、安い質屋で買って高い質屋で売ることにより、1万円の利ザヤを稼ぐことができます。ブックオフで100円で売られている希書を見つけ出し、ネットオークションや、その本の価値を理解している専門の古本屋に持って行って高値で売るのも、裁定取引です。

裁定取引は、ふたつの価格の乖離が大きければ大きいほど、起こりやすくなります。ある商品が、ある町では100円、隣町では120円で売られていても、利ザヤを抜こうとする人は現れません。でも、もし隣町では1万円だというなら、たくさんの人が裁定取引に乗り出します。つまり他の市場との乖離が大きければ大きいほど、狙われやすくなるのです（図33）。

1万円の価値を持つ商品が、最初の町で100円で売られている理由は、

図33　狙われやすい非合理な状況

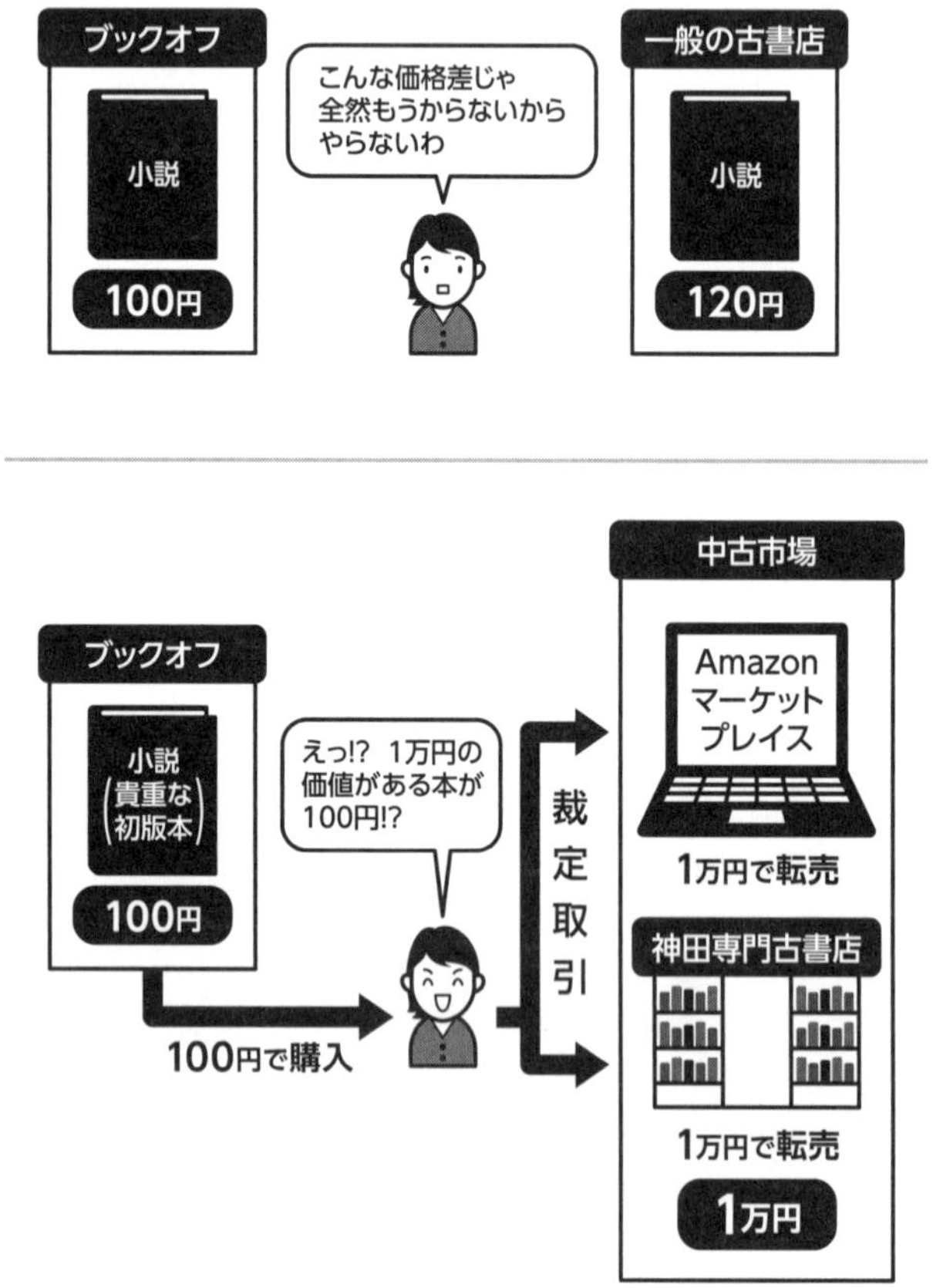

- 隣町なら1万円で売れると知られていない（情報化が進んでいない）
- 隣町までその商品を運ぶ手段がない（物流、交通網が発達していない）
- 最初の町では、100円より高い値段で売ってはいけないという規制がある

などです。

このうち、情報化や物流、交通網の発達によって起こる裁定取引は、すでに大規模に進行しています。これから狙い撃ちされるのは、規制などなんらかの人為的な理由によって、非効率な市場が残っている分野でしょう。

これまでは電力会社も、地域独占の立場にある「安定的な企業」だと考えられていました。しかし、電力の大口需要者である工場や大規模なオフィスは、電力コストが安い国へ移転することが可能です。将来的には、海を越えて電力を輸入する技術が確立し、海外から安い電力が入ってくるかもしれません。そんななか、地域独占などという規制をいつまで守っていられるのか、誰にもわからないのです。

しかもそういったことが起こる可能性は、日本と海外との電力料金の差が大きければ大

きいほど高くなるのです。今の常識で「この業界は守られている。安心だ」などというのは、まったくアテになりません。

このように市場化の波は、その変化によって得られるインパクトができるだけ大きな分野を狙い撃ちしてきます。分不相応な利益が温存され、そこを突破すれば大きな利益が得られると思うからこそ、海外企業も含め、さまざまな人や企業がその分野に参入しようとするのです。研究者や技術者も、技術によって、今までバカ高かったモノが格安になる分野に、（その技術があってもなくても大して価格が変わらない分野より）強い興味を持ちます。だから規制に守られた、市場的でない分野ほど、大変革に見舞われる可能性が高いのです。

たとえば過去の数十年の間に、市場化によって大きく変わった分野、そしてこれからの数十年、大きな変化が起こると考えられるのは、次のような状況にある業界です。

①規制によって、消費者が妥当と感じる価値と大きく掛け離れた価格付けが行なわれている

②規制によって、新規参入が意図的に低く抑えられている
③流通経路が複雑で、付加価値を生んでいない中間業者が多数存在する
④経営者の怠慢により、人材を含む貴重な資源が活用されていない
⑤関係者の怠慢と安定志向のため新技術が導入されておらず、生産性が低い
⑥規模の小さな企業が多く、運営が非効率で大きな投資もできていない
⑦時代に合わなくなったものが、淘汰の仕組みがないために温存されている

見方によれば①は「超高収益な分野」に、②は「競争の少ないラクな業界」に見えるのかもしれません。③は「付加価値を生まなくても給与のもらえる業界」だし、④は「プレッシャーのない気楽な会社」です。⑤は「新しい技術を覚える必要のないのんびりした職場」で、⑥は家族的で和気あいあいとした会社、⑦は変化なんてしなくても潰れる可能性のない安泰な業界です。これらが安定したすばらしい業界に見えるのか、それとも、今後大きな変化に見舞われる可能性の高い、極めて不安定な分野に見えるのかは、まさにマーケット感覚の違いと言えるでしょう。

しかも、市場化が進んでいない分野に長くいた人は、市場でのサバイバルスキルをまっ

たく学んでいません。このため大きな波がやってきたときには、驚いて右往左往し、沈みゆく船にしがみつくしか術がありません。

一方、早くから市場化が進んだ分野で働いている人は、「自分の業界は競争が激しく、いつどうなるかわからない。自分も不安定な立場にいる」と不安に思っているかもしれませんが、そういう人は日々の仕事を通じ、知らず知らずのうちに市場で生き残るための方法を学んでいます。

なので大きな波が来たときも、マーケット感覚を鍛えていない人よりは、よほどうまく泳ぎ始めることができます。「市場化が進んでいない分野」に逃げ込み、そこで長い期間を過ごすことは、決して賢い策ではないのです。

一生ひとつの専門性は無理

「どんな組織も安泰とは言えない」と理解した人の中には、「専門性を身につけ、資格を取ることで、組織に依存せず生きていけるようになろう」と考える人もいます。しかしこれからは、専門性や資格の有用性についても、これまでの考え方は通用しません。

高度化する社会において、専門性は確かに重要です。しかし変化の早い時代には、20代に身につけた専門性が、60代まで40年間も通用し続ける保証はどこにもありません。

これからは一生にひとつの専門性ではなく、10年、20年ごと、時には数年ごとに学び直し、一生の間に複数の専門性を身につける必要があります。つまり、専門性を身につけたうえで、変わり続ける必要性があるのです。

それでは大変すぎると感じるかもしれませんが、そうでもありません。私も最初に金融、その後は長らくマーケティングの仕事をしてきて、今は文筆業と、まったく異なる3つの仕事をしていますが、10年単位であれば、それぞれ十分なスキルを身につけられます。

30年続けないと一人前になれないのは、人間国宝が存在するような職人の世界だけです。普通の仕事であれば、10年やって一人前になれない仕事なんてほとんどありません。むしろ10年どころか、5年やって一人前の仕事ができないようではお話にならない、という業界のほうが多いはずです。

23歳から65歳までは42年間もあるのだから、3つや4つの専門性を身につけるのは、決して難しいことではありません。どちらかといえば、42年間もひとつのコトをやっていたら、飽きてしまうという人のほうが多いのではないでしょうか。

しかも変化が早い時代には、長い期間、ひとつの分野にいるほうがよいわけでもありません。金融分野の知識や経験は数年ですっかり古くなるし、インターネットが現れる前のマーケティングの経験は、ネット時代、ビッグデータ時代に求められるマーケティングとは大きく異なります。どんな分野であれ、20代に身につけた知識や経験などまったく役に立たない時代がくるのだから、過去に身につけた専門性に固執せず、どんどん新しいことにチャレンジしたほうが得策なのです。

また、ひとつの専門性の習得にかける時間についても、よく考えるべきです。あまりに過大な時間や資金を投入してしまうと、ようやく身につけた専門性を守りたいという気持ちが大きくなりすぎ、変化を受け入れ難くなってしまい、結果として時代に遅れてしまいます。40年使えることが確実な専門性なら、5年かけて勉強するのもいいでしょうが、10年しかもたない専門性を得るために5年も勉強に専念していては、割に合いません。

「専門性さえ身につければ、変化する必要はない」のではなく、「専門性を身につけ、かつ、変化する必要がある」のが、これからの世界です。なんの分野であれ、一生使える魔法の杖を手に入れて、それにすがってずっと生きていこうという発想自体がもはや時代遅れです。23歳のときに一生沈まない船を見つけて乗り込もうとするのではなく、いつその船が沈んでも、他の船に乗り移れる力を身につけるという発想でこそ、「長い人生＋早い変化」の時代を生きていけるのです（図34）。

図34 「安定したキャリア」のイメージはどっち？

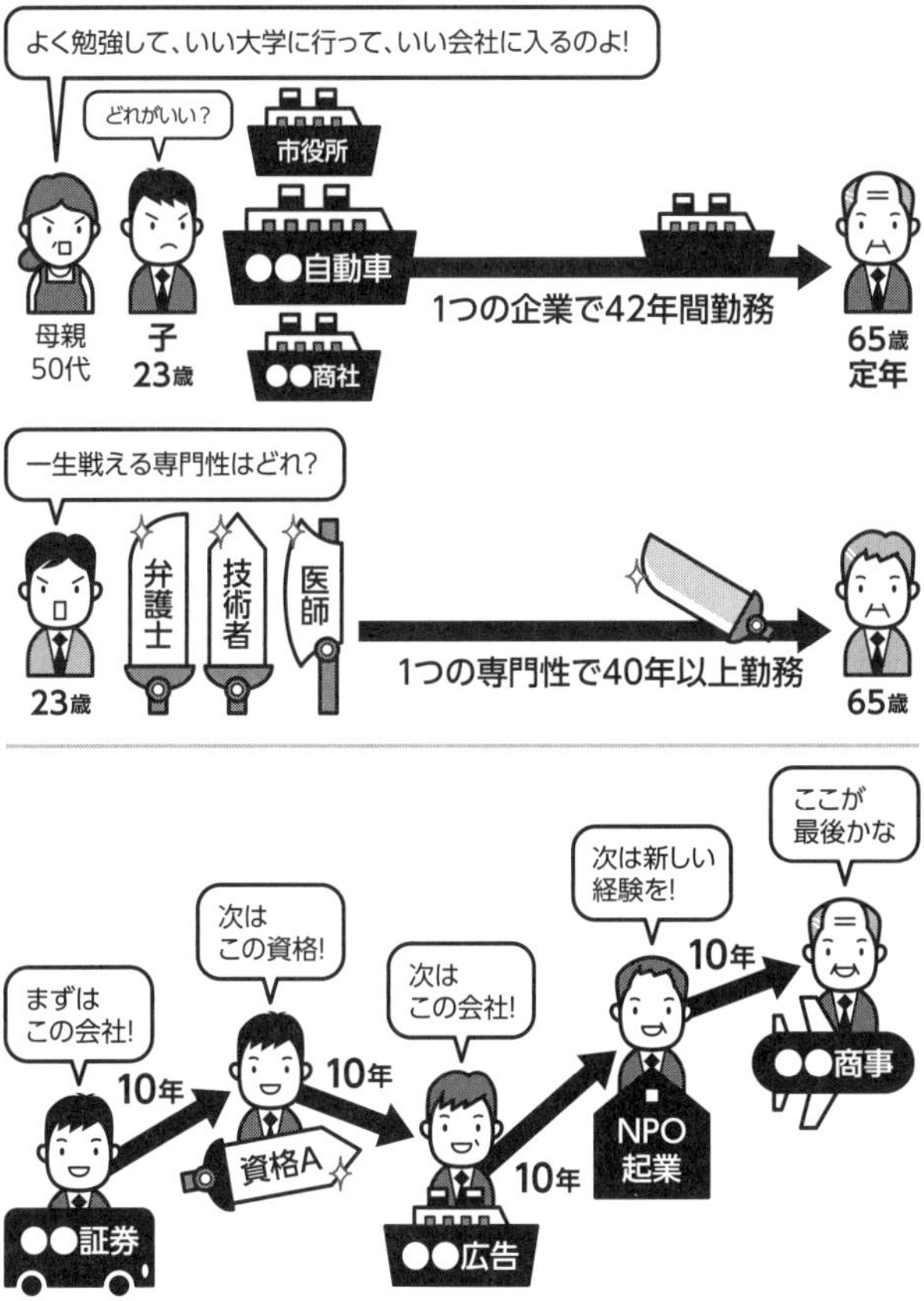

親が子供に伝えるべきこととは？

親が30歳のときに生まれた子供は、親と30年分、異なる時代を生きることになります。今の社会の変化スピードを考えると、それは想像以上に大きく異なる時代です。東京電力や会社更生法が適用された日本航空は、30年前には超エリートでないと就職できない優良企業だったし、すでに10年以上もリストラを続けている大手家電メーカーも、一流大学生が殺到する就職先でした。親の代の経験は、子供の世代にはまったく通用しないのです。

明治政府が全国民に義務教育を導入したときにも、ウチの子には学校教育など不要だと考える農家がたくさんありました（当時の農家は、今のサラリーマン家庭と同じ、日本で最も平均的な職業の家庭でした）。だから女の子には勉強より煮炊きや子守を優先させ、男の子に関しても、農繁期には学校を休ませて田植えや稲刈りを手伝わせるといった話が、古い映画や小説にはよく出てくるのです。

とはいえ当時の農家も、決して子供の教育に不熱心だったわけではありません。彼らは「自分の子供に必要な教育は、自分の人生に必要だったものと同じはず」と考えただけです。「息子は農家になる。娘は結婚して家事や子育てを担う。そんな子供らに必要なのは、農業の経験であり家事のスキルであって、難しい勉強ではない」と考えたから、学校より農作業や家事手伝いを優先させたのでしょう。子を思う親が「我が子には、人生に本当に役立つスキルを学ばせたい」と考えるのは、今も昔も変わっていません。

「一流大学を卒業したという経歴」は、今40代半ばくらいまでの人が生きた時代においては、大きな意味がありました。だからその年代の親たちは、子供の教育に多大な熱意とお金を注ぎ込みます。しかしそういった学歴の効用は、本当にこれからも続くでしょうか？

これまでの日本では転職市場が小さく、新卒で大企業に入ることが何よりも重要でした。だから、実務経験のない学生の能力の証明として、学校の名前に大きな意味があったのです。しかし転職がごく普通の社会になれば、学歴よりも実際に証明された仕事での実績のほうが圧倒的に重要になります。

しかもこれからは、「教育投資」と「学校への支払い」は、同じ意味でさえありません。これまでは学びの機会が学校に集中していたため、「教育投資は報われる」と「学校にお金を払えば報われる」は同義だったけれど、最近は学校よりも格安で効率的な学びの場も増えています。「学ぶ＝学校に行く」という時代では、もはやないのです。

これから親が子供に伝えるべきことは、特定の資格や専門性を勧めることでも、ましてや特定の企業を目指させることでもありません。そんなことより、変化は恐れるものではなく、楽しむものなのだと身をもって教えてあげましょう。

変化が起きると、今まで必要だったものが不用になり、新たなモノへの需要が生まれます。過去の人気商品を作っていた企業の仕事は減るけれど、だからといって変化を恐れる必要はありません。洗濯板が売れなくなったことを嘆くより、洗濯機が売れ始めたことを喜ぶほうがマトモですよね。大事なことは、その変化を自ら感じ取り、進むべき方向を早目に見極めることのできるマーケット感覚を身につけることなのです。

急速に進む少子化や高齢化なども、悪い方向にばかり解釈されがちですが、それらに対応するため、さまざまな新技術や新市場が生まれます。医療・介護分野に限らず、食品から小売ビジネス、旅行業界からアパレル産業まで、これまでになかった商品やサービスが開発されるでしょう。少子化による人手不足を解消するため、ロボット技術やＡＩ（人工知能）技術が進化し、医療技術もどんどん高度化するはずです。こういった社会の変化こそが、より豊かな未来を創っていくのです。

マーケット感覚を身につけることの最大の利点は、それさえ身につければ、変化が恐くなくなるということです。今、急速に進む社会の変化を目の当たりにした人たちは、大きくふたつのグループに分かれ始めています。ひとつは、ワクワクしながら自分自身もその変化を楽しんでいる人、もうひとつは、日々伝えられる変化のニュースに不安を深め、どうやって自分と家族を守ろうか、戦々恐々としている人たちです。

このふたつのグループの違いは、どこにあるのでしょう？　学歴でしょうか？　貯金額でしょうか？　私が見る限り、一流大学を出て大企業に勤め、たくさんの貯金を持っている人でも、後者のグループに属している人がたくさんいます。

ふたつのグループの根本的な違いは、いち早く変化の兆しに気づき、新しい世界で価値を提供する方法を、市場から（失敗しながら）学ぶことができるかどうかです。それさえできれば、変化は恐れるものではなく、心から楽しめるモノになります。

そして、そのために必要なものこそが、「マーケット感覚」なのです。

さいごに

徳島市から車で1時間ほどの山間地域に、上勝町という人口1840名の小さな町があります。人口のうち65歳以上の人が占める割合（高齢者比率）は49％と、全国平均の25％（いずれも平成25年10月時点）を大きく上回っています。過疎化と高齢化に加え、かつての主力産業であった林業や温州みかんも、輸入自由化や異常気象のあおりを受けて衰退してしまいました。

ところが今、上勝町は、そのユニークな「葉っぱビジネス」により、全国の自治体から注目されています。葉っぱビジネスとは、日本料理店で使われる「つまもの」を集めて売るビジネスです。「つまもの」とは、皿に添えられる紅葉《もみじ》や蓮の葉など、日本料理の飾りとして使われる葉っぱのことです。上勝町は、都市部の料亭から注文を受けた葉っぱを里山で毎朝採取し、料亭に販売しているのです。

町を挙げて推進してきたこのビジネスは、今では年商2億6千万円を超え、葉っぱの採取を担当する町のおばあちゃんの中には、年収1千万円を稼ぐ人もいるそうです。今、若い人の中から、ＬＩＮＥのスタンプで稼ぐ「ＬＩＮＥ長者」が現れていますが、上勝町では「葉っぱ長者」のおばあちゃんが生まれているわけです。

詳しくは、葉っぱビジネスを率いる〝いろどり〟という会社のウェブサイト（http://www.irodori.co.jp/）に掲載されていますが、この上勝町の再生ストーリーは、マーケット感覚の重要性とパワフルさを象徴的に表しています。

ここで売られているのは、おばあちゃんたちが山から集めてきた「葉っぱ」です。日本の地方であれば、どこにでもある里山の葉っぱ。それが、2億円を超えるビジネスに成長しました。これこそまさに市場創造ですよね。日本中に存在する「山しかない町」と、「山とマーケット感覚のある町」の大きな違いがわかります。

このビジネスを立ち上げたのは、株式会社いろどりの代表取締役である横石知二さん。最初は上勝町の農業協同組合の職員として、途中からは上勝町の役場職員として、町の農業支援に携わってきました。横石氏がゼロから葉っぱビジネスを立ち上げたストーリーについては、サイトでも取り上げられているので割愛しますが、その苦労話の中にひとつ、興味深いエピソードがありました。

横石氏は「山しかない町」による葉っぱビジネスの可能性を探るべく、顧客となりそうな都市部の日本料理店や割烹、料亭を片っ端から訪ね歩きます。そして、板前さんや女将さんに、どんな料理をどんな形で客に提供しているのか、「つまもの」はどんなものを使っているのか、いくらで、どこから仕入れているのか、など、事業に必要な情報を得ようとしました。しかし、簡単には教えてもらえないどころか、まったく相手にされないこともしばしばでした。

そりゃあそうですよね。まだ会社も立ち上げていないのですから、いきなり料亭の厨房に現れ、「何をどこで仕入れているのか？」「いくらで仕入れているのか？」などと聞いても、ライバル店が送り込んだスパイにでも間違われるのが関の山です。そうでなくても忙しい板前さんたちは、何のコネもない小さな町の役場の職員に、懇切丁寧に内部事情を教えてくれたりはしないのです。

苦労が続いていたある日、横石氏は画期的な方法を思いつきます。それは、業者として厨房の話を聞きに行くのではなく、客として料理店を訪れ、食事をしながら話を聞くという方法です。

この方法は、大成功します。確かに食事客ならごく自然に「この鯛はどこでとれたものですか？」「この器はどちらの？」「このつまものは？」と尋ねることができます。店側も丁寧に説明してくれるでしょう。

納入業者候補という立場では話も聞いてもらえないのに、客として訪れれば気前よくさまざまな情報を教えてもらえる。そう気づいた横石氏は、自腹で料亭の食べ歩きを始めたのです。

ここでのポイントは、横石氏が「ふたつの異なる市場」の存在に気づき、自分が参入したい市場とは異なる、もうひとつの市場で情報収集を始めたことです。横石氏が参入したかったのは、料亭と納入業者が、食材や食器、調理器具などを売買する市場です。しかし、すでに有力な市場参加者となっている業者でなければ、この市場から情報を得ることはできません。そこで情報収集はその市場ではなく、「料亭と食事客がマッチングされる市場」で行なうことにしたのです。ここに横石氏の勝因がありました。

こうしてさまざまな情報を手にした横石氏は、上勝町の葉っぱビジネスを本格的に立ち上げ、現在の成功につなげていきます。そしてもうひとつ、このビジネスには「マーケット感覚」が深く関わっています。それは、この葉っぱビジネスの主役である、町のおばあちゃんたちです。

〝いろどり〟では料亭からの注文を一覧表にして、毎朝決まった時間に、ウェブサイトに公開します。たとえば、今日は5センチ以上の紅葉の葉が20枚、7センチ以上の蓮の葉が

10枚必要、といった具合です。

この注文リストを、町のおばあちゃんたちはインターネットにつながった自宅のパソコンでチェックし、自らマウスを操作して、「この注文を受注する！」と決め、受注ボタンをクリックするのです。

受注は早い者勝ちなので、ぐずぐずしているとひとつも受注できません。仕事も収入も得られないのです。そこで、70代、80代のおばあちゃんたちは、情報が公開される直前からパソコンの前で待機し、画面にリストが出るとすぐにパソコンを操作し始めます。

しかも最近は、パソコンだけでは画面切り替えの間に注文を他の人に取られてしまうため、それを防ぐためにタブレットをパソコンの隣に用意し、ふたつの画面を睨みながら、即座に希望する注文を獲得するおばあちゃんまで現れています。それはまるで、マルチスクリーンを駆使する敏腕デイトレーダーのような仕事振りなのです。

そうやって注文が確保できると、おばあちゃんは「とれた！」「やった！」と小躍りし、すぐさま葉っぱ集めにでかけます。里山を農作業用の軽四輪やバイクで回り、決められたサイズの葉っぱを規定数だけ集め、締め切り時間までに納品場所に持っていく。これが、年金受給年齢をすでに10年以上も超えた、おばあちゃんたちの日課となっているのです。

図35 上勝町とおばあちゃんたちを元気にした市場の仕組み

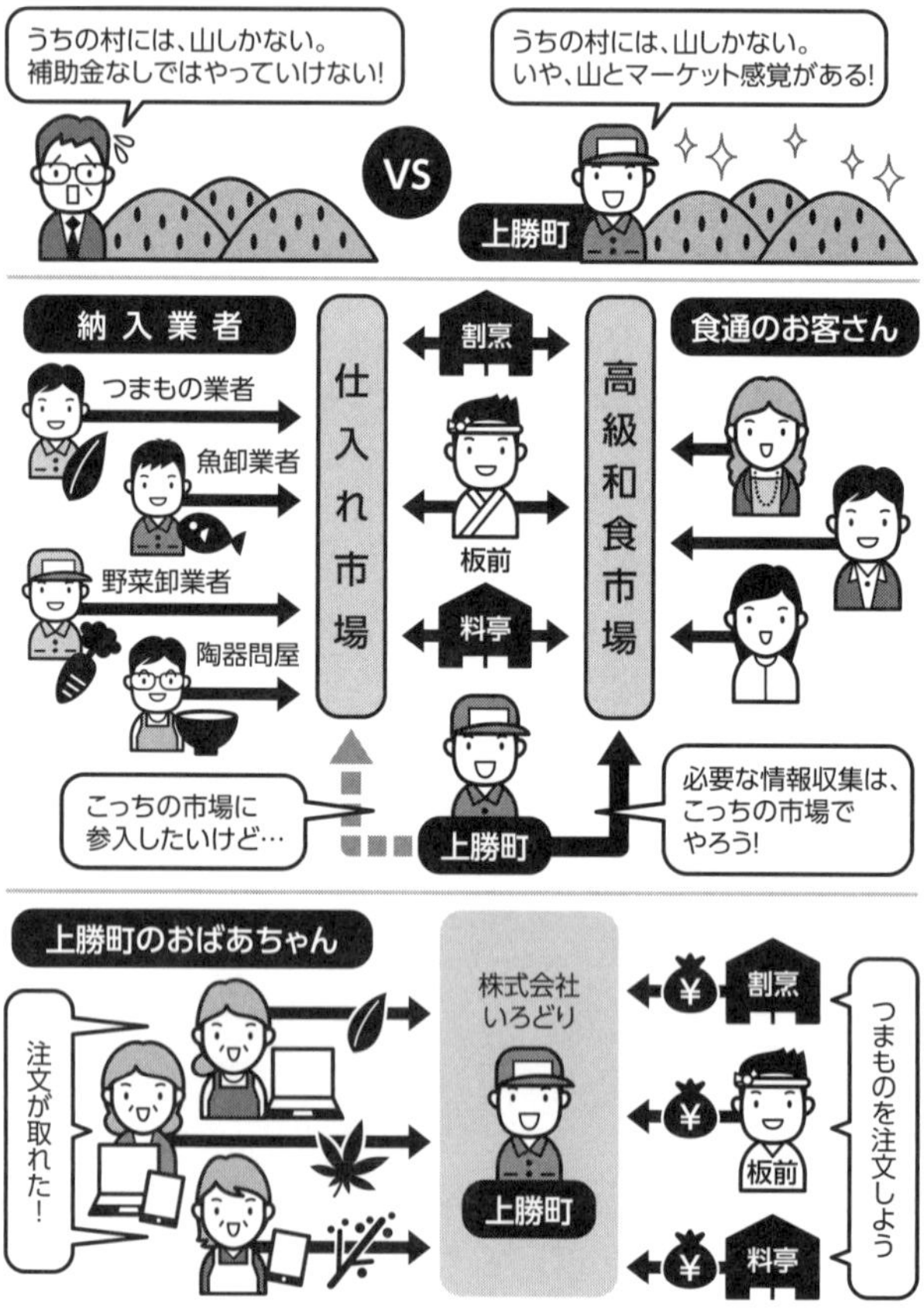

この入札システムは、市場そのものです。需要者は京都や大阪の料亭。供給者は上勝町のおばあちゃん。交換される価値は、葉っぱとお金。そして市場運営者が、〝いろどり〟です。

もしもこの市場的な受注システムが存在せず、料亭から入った注文を町の高齢者に順次、公平に（？）「配分する」という方法を〝いろどり〟が採っていたら、パソコンとタブレットの両刀遣いをするようなおばあちゃんは、現れていなかったでしょう。

最新の情報機器を器用に使いこなし、他者より一瞬早くクリックしたことで、希望の注文を受注できた瞬間、「やった！」と歓声を上げるおばあちゃんの生き生きとした笑顔は、マーケットの供給者となり、市場に価値を提供できる立場になるということが、すべての人にどれほど大きな悦びをもたらすのか、鮮烈に教えてくれます。半世紀、50年もの間、農業一筋でやってきた70代、80代のおばあちゃんたちにとってさえ、市場とはこんなにもエキサイティングなものなのです。

世の中には「自分には何の取り柄もないから、市場で生きていくなんてとても無理だ」と感じている人がたくさんいます。それはまるで、「我が町には何もないから、公共事業で助けてもらえないとやっていけない」と考えている町や村とまったく同じです。しかしその一方で、「山しかない。山しかないから、山でとれるモノで市場を創造しよう」と考えた上勝町のような町もあります。人も町も、市場で売れる価値を見つけられるかどうかは、マーケット感覚の有無にかかっているのです。

すべての人に、マーケットで価値を提供する悦びを　そして、
すべての人に、マーケット感覚と、その恩恵を

そんじゃーね！

参考文献

『経済学を学ぶ』 岩田規久男（ちくま新書 1994年）
『イトーヨーカ堂 成長の源流 伊藤雅俊と刻んだ「業革」への道程』 邊見敏江（ダイヤモンド社 2007年）
『フリー 〈無料〉からお金を生みだす新戦略』 クリス・アンダーソン（NHK出版 2009年）
『志高く 孫正義正伝 完全版』 井上篤夫（実業之日本社文庫 2010年）
『経済危機のルーツ モノづくりはグーグルとウォール街に負けたのか』 野口悠紀雄（東洋経済新報社 2010年）
『「病院」がトヨタを超える日 医療は日本を救う輸出産業になる！』 北原茂実（講談社プラスアルファ新書 2011年）
『メイカーズ 21世紀の産業革命が始まる』 クリス・アンダーソン（NHK出版 2012年）
『それをお金で買いますか 市場主義の限界』 マイケル・サンデル（早川書房 2012年）
『日経平均を捨てて、この日本株を買いなさい。 22年勝ち残る№.1ファンドマネジャーの超投資法』 藤野英人（ダイヤモンド社 2012年）

『稼ぐ力　「仕事がなくなる」時代の新しい働き方』　大前研一（小学館　２０１３年）
『俺のイタリアン、俺のフレンチ　ぶっちぎりで勝つ競争優位性のつくり方』　坂本孝（商業界　２０１３年）
『クラウドソーシングの衝撃　雇用流動化時代の働き方・雇い方革命』　比嘉邦彦、井川甲作（インプレスR&D　２０１３年）
『経営戦略全史』　三谷宏治（ディスカヴァー・トゥエンティワン　２０１３年）
『ジェフ・ベゾス　果てなき野望』　ブラッド・ストーン（日経ＢＰ社　２０１４年）
『コトラー&ケラーのマーケティング・マネジメント　第12版』　フィリップ・コトラー、ケビン・ケラー（丸善出版　２０１４年）
『フリーエージェント社会の到来　新装版　組織に雇われない新しい働き方』　ダニエル・ピンク（ダイヤモンド社　２０１４年）
『ニコニコ哲学　川上量生の胸のうち』　川上量生（日経ＢＰ社　２０１４年）
『数字は武器になる　数の「超」活用法』　野口悠紀雄（新潮社　２０１４年）
『ピクサー流　創造するちから　小さな可能性から、大きな価値を生み出す方法』　エド・キャットムル、エイミー・ワラス（ダイヤモンド社　２０１４年）
『21世紀の資本』　トマ・ピケティ（みすず書房　２０１４年）

[著者]

ちきりん

関西出身。バブル期に証券会社に就職。その後、米国での大学院留学、外資系企業勤務を経て2011年から文筆活動に専念。2005年開設の社会派ブログ「Chikirinの日記」は、日本有数のアクセスと読者数を誇る。11万部のベストセラー『自分のアタマで考えよう』を始め、著作も多数。近著にブログの戦略的な運営方法をまとめた『「自分メディア」はこう作る！』など。

・Chikirinの日記　http://d.hatena.ne.jp/Chikirin/
・ちきりんパーソナル　http://d.hatena.ne.jp/Chikirin+personal/
・★ちきりんセレクト★　http://d.hatena.ne.jp/Chikirin+shop/
・ツイッター　@insideChikirin

マーケット感覚を身につけよう

「これから何が売れるのか？」わかる人になる5つの方法

2015年 2月19日　第1刷発行
2015年 3月3日　第2刷発行

著　者――ちきりん
発行所――ダイヤモンド社
〒150-8409　東京都渋谷区神宮前6-12-17
http://www.diamond.co.jp/
電話／03-5778-7236(編集)　03-5778-7240(販売)
イラスト――良知高行(GOKU)
装丁――萩原弦一郎(デジカル)
本文DTP――桜井淳
校正――加藤義廣(小柳商店)
製作進行――ダイヤモンド・グラフィック社
印刷――勇進印刷(本文)・加藤文明社(カバー)
製本――ブックアート
編集担当――横田大樹

ISBN 978-4-478-06478-8